UTB **3259**

W0177178

Eine Arbeitsgemeinschaft der Verlage

Böhlau Verlag · Köln · Weimar · Wien
Verlag Barbara Budrich · Opladen · Farmington Hills
facultas.wuv · Wien
Wilhelm Fink · München
A. Francke Verlag · Tübingen und Basel
Haupt Verlag · Bern · Stuttgart · Wien
Julius Klinkhardt Verlagsbuchhandlung · Bad Heilbrunn
Lucius & Lucius Verlagsgesellschaft · Stuttgart
Mohr Siebeck · Tübingen
Orell Füssli Verlag · Zürich
Ernst Reinhardt Verlag · München · Basel
Ferdinand Schöningh · Paderborn · München · Wien · Zürich
Eugen Ulmer Verlag · Stuttgart
UVK Verlagsgesellschaft · Konstanz
Vandenhoeck & Ruprecht · Göttingen
vdf Hochschulverlag AG an der ETH Zürich

Ursula Stephany
Claudia Froitzheim

Arbeitstechniken Sprachwissenschaft

Vorbereitung und Erstellung einer
sprachwissenschaftlichen Arbeit

Wilhelm Fink

Die Autorinnen:

Ursula Stephany, Studium der Romanistik, Anglistik, Philosophie und Pädagogik in Köln und Nancy, der Linguistik in Paris, Bloomington (Ind., USA), Los Angeles und Köln. 1. und 2. Staatsprüfung für das Lehramt an Höheren Schulen in Französisch und Englisch (Köln und Aachen), Promotion und Habilitation in Allg. Sprachwissenschaft (Köln). Akad. Oberrätin a.D. und apl. Professorin an der Universität zu Köln. Lehrtätigkeit an den Universitäten Köln, Athen, Middlebury (Vermont, USA), Lissabon, Fortaleza (Brasilien), Tiflis, St. Petersburg, Straßburg, Lomé und Kara (Togo). Forschungsschwerpunkte: Erstspracherwerb des Griechischen, Zweitspracherwerb des Deutschen. Zahlreiche Publikationen zum Spracherwerb.
Kontaktadresse: stephany@uni-koeln.de

Claudia Froitzheim, Studium der Allgemeinen Sprachwissenschaft, Germanistik, Soziologie und Sozialpsychologie in Köln, Magister und Promotion in Köln. Wissenschaftliche Mitarbeiterin an der Universität zu Köln, Lehrtätigkeit ebendort. Forschungsschwerpunkte: Werbesprache, Sprache und Gender. Publikationen zu Sprache und Gender.
Kontaktadresse: claudia.froitzheim@uni-koeln.de

Bibliografische Information der Deutschen Nationalbibliothek

Die Deutsche Nationalbibliothek verzeichnet diese Publikation in der Deutschen Nationalbibliografie; detaillierte bibliografische Daten sind im Internet über http://dnb.d-nb.de abrufbar.

© 2009 Wilhelm Fink GmbH & Co. Verlags-KG
(Wilhelm Fink GmbH & Co. Verlags-KG, Jühenplatz 1, D-33098 Paderborn)
ISBN 978-3-7705-4750-0

Internet: www.fink.de

Printed in Germany.
Einbandgestaltung: Atelier Reichert, Stuttgart
Herstellung: Ferdinand Schöningh, Paderborn

UTB-Bestellnummer: 978-3-8252-3259-7

Inhalt

Vorwort

Ce que l'on conçoit bien s'énonce clairement.
‚Was man wirklich begriffen hat, lässt sich klar ausdrücken.'
(Boileau)

Dieses Buch richtet sich an Studierende in Bachelor-, Master- und Lehramtsstudiengängen sowie an Doktoranden in sprachwissenschaftlich orientierten Fächern. Es soll ihnen bei der Vorbereitung und Erstellung sprachwissenschaftlicher Arbeiten (z.B. Seminararbeiten, Bachelorarbeiten, Masterarbeiten, Magisterarbeiten, Diplomarbeiten, Staatsarbeiten, Dissertationen) behilflich sein.

Wie alle „handwerklichen" Tätigkeiten lernt man schreiben am besten, indem man diese Tätigkeit ausübt, also oft und viel schreibt. Leider besteht dazu im Studium meist nicht ausreichend Gelegenheit, und vor allem mangelt es oft an der detaillierten Korrektur von Anfängertexten durch erfahrene Wissenschaftler und der Möglichkeit der anschließenden Überarbeitung der Texte. So plagt besonders Examenskandidaten nicht nur die Angst vor dem sprichwörtlichen „weißen Blatt Papier" (oder heute eher dem leeren Bildschirm), sondern sie stehen oft schon der Vorbereitung und Gesamtkonzeption einer größeren wissenschaftlichen Arbeit und erst recht ihrer anschließenden Erstellung einigermaßen hilflos gegenüber. Hier will dieses Buch praktische Hilfestellung leisten.

Die Anregungen und Hinweise in diesem Leitfaden betreffen in erster Linie schriftliche Arbeiten über linguistische Themen und richten sich vor allem an Studierende und Doktoranden der Sprachwissenschaft (Allgemeine Sprachwissenschaft, Historisch-vergleichende Sprachwissenschaft, sprachwissenschaftliche Bereiche von Einzelphilologien und z.B. von Afrikanistik, Völkerkunde, Psychologie oder Neurologie). Es soll nicht nur beim Verfassen von Seminar- und Prüfungsarbeiten, sondern auch von Dissertationen und Habilitationsschriften sowie von anderen sprachwissenschaftlichen Texten (z.B. Zeitschriftenaufsätze oder Beiträge zu Sammelwerken) helfen. Nicht zuletzt kann es auch Schülern und Schülerinnen der gymnasialen Oberstufe bei der Abfassung von Facharbeiten über eine sprachliche Thematik behilflich sein.

Das Buch ist aus langjähriger Erfahrung in der Hochschullehre sowie der Forschungs- und Herausgebertätigkeit hervorgegangen.

Den vielen Verfassern schriftlicher Hausarbeiten, die im Laufe des Studiums und zu seinem Abschluss angefertigt wurden, sowie von Dissertationen, aber auch Habilitationsschriften und Beiträgen zu Sammelwerken, die wir im Laufe der Jahre zu korrigieren oder zu begutachten hatten, verdanken wir zahlreiche Beispiele weniger gelungener Problemlösungen, die wir den Lesern zusammen mit besseren Lösungsvorschlägen vorstellen. Die Empfehlungen zur Erstellung sprachwissenschaftlicher Texte werden also nicht nur theoretisch abgehandelt, sondern an Beispielpaaren (*schlecht*/*besser*) konkretisiert.

Wir hoffen, dass dieser Leitfaden Verfassern sprachwissenschaftlicher Arbeiten helfen wird, fundiert, klar und leserfreundlich zu schreiben.

Köln, im März 2009

Ursula Stephany
Claudia Froitzheim

1 Sprachwissenschaftliche Arbeiten im Studium, Prüfungsarbeiten und Dissertationen

Obwohl sprachwissenschaftliche Abhandlungen sich nach Art und Umfang stark unterscheiden, handelt es sich bei allen um wissenschaftliche Sachtexte bzw. Fachtexte, die einer mehr oder weniger komplexen linguistischen Fragestellung gewidmet sind. Zum Wesen einer **wissenschaftlichen Arbeit** gehört die systematische Untersuchung eines Gegenstands unter einer bestimmten Fragestellung mit Hilfe einer der jeweiligen wissenschaftlichen Disziplin und Fragestellung angemessenen Methodik. Die Ergebnisse müssen über das bisher Gewusste hinausgehen oder den Gegenstand in einem neuen Licht erscheinen lassen. Sie müssen nachvollziehbar (oder überprüfbar) sein und klar dargestellt werden, um sie Lesern (oder Zuhörern) vermitteln zu können.[1] Nach Ströker (1987: 5) besteht die Arbeit des Wissenschaftlers darin,

> dass er aufgrund bestimmter Problemstellungen Methoden entwickelt und sie erprobt zur Lösung seiner Probleme. Er ist fragend auf bestimmte Forschungsobjekte gerichtet und setzt seine Verfahren in Gang im Hinblick auf die Objekte. Es kennzeichnet also das wissenschaftliche Denken, dass es zwar methodisch geregeltes, doch gleichwohl objektbezogenes oder gegenständliches Denken ist.

Sprachwissenschaftliche Arbeit lässt sich also als eine fragend auf sprachliche Phänomene gerichtete methodisch geregelte Aktivität charakterisieren, die das Ziel hat, diese Phänomene zu beschreiben oder sogar zu erklären.

Es folgt eine Charakterisierung der verschiedenen Arten von studienbegleitenden Arbeiten, Abschlussarbeiten und Dissertation.

1.1 Referat und schriftliche Seminararbeit

Referate und Hausarbeiten zu Seminaren sind meist die ersten längeren sprachwissenschaftlichen Arbeiten, die im Studium verlangt werden. Sie dienen der Übung in der Anwendung linguistischer Beschrei-

---

[1] Zum Begriff des wissenschaftlichen Arbeitens vgl. auch Krämer (1995: 5-8).

bungsmethoden und der Darstellung von Untersuchungsergebnissen. Diese beiden Typen von Arbeiten unterscheiden sich zunächst einmal dadurch, dass **Referate** mündlich vorgetragene und somit an Zuhörer gerichtete Fachtexte sind, Hausarbeiten jedoch für Leser (vor allem den Seminarleiter, aber auch andere Seminarteilnehmer) bestimmte schriftliche Abhandlungen. Daraus folgt, dass Referate inhaltlich weniger detailliert und vorläufiger sind als schriftliche Hausarbeiten. Hier kommt es nicht darauf an, Sachfragen umfassend darzustellen und Probleme auszudiskutieren, sondern vielmehr Thesen zu formulieren, welche die Hörer zur Diskussion anregen. Der sprachliche Stil von Referaten ist weniger komplex als der schriftlicher Seminararbeiten, damit die Hörer dem mündlichen Vortrag leicht folgen können (s. Kap. 7).

Soweit beim Referat auf eine Power-Point-Präsentation verzichtet wird, ist es üblich, ein sog. **Thesenpapier** vorzubereiten. Idealerweise wird das Thesenpapier den Seminarteilnehmern rechtzeitig vor der betreffenden Seminarsitzung zugänglich gemacht (z.B. im PDF-Format im Internet[2]), damit sie sich vorbereiten können. Das Thesenpapier (bzw. die **Power-Point-Präsentation**) enthält alle wesentlichen Definitionen, Zitate, Beispiele und Literaturangaben, damit während des Vortrags keine Zeit für die Erstellung aufwendiger Tafelbilder verloren geht. Tischvorlage und Power-Point-Präsentation lassen sich kombinieren, indem man den Zuhörern einen verkleinerten Ausdruck Letzterer zur Verfügung stellt. Dies hat den Vorteil, dass die Seminarteilnehmer dem Vortrag konzentriert folgen können, ohne sich viele Notizen machen zu müssen.

Da wissenschaftliche Texte immer gedanklich anspruchsvoll sind und ihre sprachliche Form gerade auch im mündlichen Vortrag klar, präzise und der Fachsprache angemessen sein muss, ist zu empfehlen, den Text des Referats schriftlich auszuformulieren. Das Manuskript sollte mit genügend großem Zeilenabstand (mindestens 1,5) ausgedruckt werden und durch Hervorhebungen mit Farbstift so vorbereitet werden, dass der Seminarvortrag (fast) wie frei gehalten wirkt. So kann der Vortragende sich während des Vortrags seinen Zuhörern zuwenden, anstatt an seinem Manuskript zu „kleben". Fehlt eine schriftliche Ausformulierung des Vortragstextes, verfällt besonders der ungeübte Vortragende leicht in einen allzu umgangssprachlichen und der Komplexität der Fragestellungen und zu vermittelnden Sachverhalte unangemessenen Stil, in welchem sich Füllsel wie „halt"

---

[2]   an der Universität zu Köln etwa in KLIPS

oder gefüllte Sprechpausen wie „hm", die dem Sprecher Formulie-
rungszeit verschaffen, für den Hörer in störender Weise häufen.[3]

Bei der schriftlichen **Seminararbeit** handelt es sich zumeist um
die Ausarbeitung eines mündlichen Referats. An die schriftliche
Hausarbeit werden hinsichtlich Umfang und Inhalt höhere Anforderungen gestellt als an das Referat. Bei empirischen Arbeiten müssen theoretischer Ansatz und Beschreibungsmethode deutlich werden, die Fragestellung muss vertieft untersucht werden, sodass
wenigstens vorläufige Schlussfolgerungen aus der Analyse einer
begrenzten Datenmenge gezogen werden können. Bei theoretischen
Arbeiten, in denen z.B. verschiedene theoretische Ansätze miteinander verglichen werden, muss der Verf. behutsam zu einer wertenden Stellungnahme vordringen. Keinesfalls sollte in einer theoretischen oder gar empirischen Seminararbeit in der Einleitung die
Forschungsgeschichte eines Fachgebiets wie z.B. diejenige der Psycholinguistik der letzten 50 Jahre chronologisch „nacherzählt" werden. Über ältere Abhandlungen darf nicht aus der Perspektive des
zu ihrer Zeit geltenden Forschungsstandes berichtet werden; vielmehr muss deutlich werden, welche früheren Erkenntnisse heute
noch Gültigkeit besitzen und welche anderen als überholt zu betrachten sind. Eine solche gedankliche Durchdringung der einschlägigen wissenschaftlichen Literatur zur Ermittlung des jeweiligen
Kenntnis- oder Forschungsstandes stellt eine beträchtliche selbstständige Leistung der Verf. von Seminararbeiten (und anderer Arbeiten) dar (s. Kap. 4.1). Selbstverständlich sind die Ergebnisse der
Analyse klar darzustellen (s. Kap. 7).

Wenn auch manchmal Zeitschriftenaufsätze oder Beiträge zu
Sammelwerken im Idealfall als „Modell" für Seminararbeiten angegeben werden (z.B. Poenicke 1988: 97; Andermann et al. 2006: 117;
Standop & Meyer 2008: 12), so ist doch zu bedenken, dass die an
solche Forschungsbeiträge gestellten Ansprüche nicht nur hinsichtlich ihres Umfanges, sondern vor allem in Bezug auf ihren Inhalt
weit über die an Seminararbeiten zu stellenden hinausgehen. Schließlich handelt es sich ja bei Ersteren um beachtliche, genuine Forschungsbeiträge, die von Gutachtern oder Herausgebern der Veröffentlichung für wert befunden worden sind. Demgegenüber haben
z.B. empirische Seminararbeiten eher den Charakter von Pilotstudien, was natürlich nicht ausschließt, dass auch hier interessante

---

[3]   Lesenswertes zum Referat findet man bei Moennighoff & Meyer-Krentler (2008: 12-16).

Forschungshypothesen aufgestellt und neuartige Detailergebnisse zutage gefördert werden können.

Die Hausarbeit muss in einem schriftsprachlichen Stil abgefasst werden. Daraus folgt, dass ein zuvor schriftlich ausformuliertes mündliches Referat auf jeden Fall auch sprachlich überarbeitet werden muss (s. Kap. 7).

1.2 Prüfungsarbeiten: Bachelor- und Masterarbeit, Magister-, Diplom- oder Staatsarbeit

Typisch für Prüfungsarbeiten wie **Bachelor-** oder **Masterarbeiten** usw. ist, dass das zu bearbeitende Thema vom Prüfungsausschuss bzw. einem von ihm beauftragten Prüfer gestellt wird[4] und dass sie in einer mehr oder weniger eng bemessenen, in der Prüfungsordnung festgelegten Frist anzufertigen sind. Selbstverständlich muss z.b. das Thema einer Bachelorarbeit „nach Inhalt und Umfang so begrenzt sein, dass es innerhalb der vorgegebenen Frist bearbeitet werden kann."[5] Bei Terminarbeiten ist natürlich eine planvolle und kontinuierliche Arbeitsweise ganz besonders wichtig.

Zwar können sich solche Prüfungsarbeiten hinsichtlich ihres Aufbaues an wissenschaftlichen Monographien (Einzeldarstellungen in Buchform) orientieren (Poenicke 1988: 99; Standop & Meyer 2008: 11), inhaltlich und in Bezug auf ihren Umfang sind die an sie gestellten Anforderungen jedoch erheblich niedriger als bei großen Arbeiten wie Dissertationen und Habilitationsschriften. Das ergibt sich schon aus ihrer zeitlichen Begrenzung (z.B. nach der Prüfungsordnung der Philosophischen Fakultät der Universität zu Köln auf zehn Wochen für eine Bachelorarbeit bzw. vier (oder sechs) Monate für die Masterarbeit[6]). Obwohl auch in solchen Prüfungsarbeiten wissenschaftliche Erkenntnisse erzielt werden können, ist, anders als bei Disser-

---

[4]   Je nach Prüfungsordnung können die Kandidaten hinsichtlich Prüferwahl und Themenstellung ein Vorschlagsrecht haben (z.B. nach § 23, Abs. 3 und § 33, Abs. 3 der Prüfungsordnung für das Bachelor- und Masterstudium der Philosophischen Fakultät der Universität zu Köln vom 20.8.2008).

[5]   § 23, Abs. 6 der Prüfungsordnung für das Bachelor- und Masterstudium der Philosophischen Fakultät der Universität zu Köln vom 20.8.2008. Für die Masterarbeit vgl. entsprechend § 33, Abs. 6.

[6]   Nach § 23, Abs. 6 bzw. § 33, Abs. 6 dieser Prüfungsordnung beträgt der Umfang einer Bachelorarbeit 88.000 bis 100.000 Zeichen und der einer

tationen und Habilitationsschriften, nicht verlangt, dass es sich dabei um „beachtliche" oder „wesentliche" Erkenntnisse handelt. Vielmehr sollen die Kandidaten z.B. in einer **Bachelorarbeit** lediglich zeigen, dass sie „ein thematisch begrenztes Problem aus dem Gegenstandsbereich des gewählten Faches ... mit den erforderlichen Methoden in einem festgelegten Zeitraum zu bearbeiten" in der Lage sind.[7] Zur **Masterarbeit** ist in der Prüfungsordnung der Philosophischen Fakultät der Universität zu Köln zusätzlich vermerkt, dass die Erkenntnisse klar dargestellt werden müssen.[8]

Obwohl bei Prüfungsarbeiten keine über den jeweiligen Forschungsstand wesentlich hinausweisenden Forschungsergebnisse verlangt sind, stellen auch solche Arbeiten sowohl in theoretischer als auch in empirischer Hinsicht typischerweise selbstständige wissenschaftliche Leistungen dar. Wie oben erwähnt, geht schon die Darstellung des Forschungsstandes zu einer Fragestellung über die hierzu benutzten wissenschaftlichen Arbeiten hinaus und darf daher als selbstständige wissenschaftliche Leistung bezeichnet werden. Erst recht gilt das für die Analyse einer noch nicht unter einem bestimmten Aspekt betrachteten sprachlichen Datensammlung.

Außer der Einhaltung der gesetzten Frist ist bei solchen Arbeiten wesentlich, dass das **Thema** oder Problem, d.h. die Fragestellung, mit den erforderlichen wissenschaftlichen Methoden bearbeitet wird und die Erkenntnisse klar dargestellt werden. Wie bei allen wissenschaftlichen Arbeiten geht es also auch bei diesen zeitlich und thematisch recht begrenzten Arbeiten um die Gewinnung von wissenschaftlichen Erkenntnissen mittels der in der jeweiligen Disziplin üblichen Methoden und um die klare Vermittlung dieser Erkenntnisse an ein gedachtes wissenschaftliches Publikum. Bei empirischen sprachwissenschaftlichen Prüfungsarbeiten handelt es sich bei den Methoden um solche der Beschreibung von Sprachdaten auf der Grundlage des gewählten theoretischen Ansatzes, welcher die Untersuchungsperspektive bereitstellt (s. Kap. 2 und 4).

Die Kenntnis wissenschaftlicher Methoden lässt sich „gründlich nur im Gebrauch gewinnen" (Ströker 1987: 4) und auch die Darstellung

---

Masterarbeit 150.000 Zeichen (inkl. Leerzeichen) zzgl. Literaturverzeichnis.

[7]   § 23, Abs. 1 der Prüfungsordnung für das Bachelor- und Masterstudium der Philosophischen Fakultät der Universität zu Köln vom 20.8.2008.

[8]   § 33, Abs. 1 der Prüfungsordnung für das Bachelor- und Masterstudium der Philosophischen Fakultät der Universität zu Köln vom 20.8.2008.

wissenschaftlicher Erkenntnisse bedarf der Übung. Deshalb stellt vor allem die erstmalige Anfertigung einer im Vergleich zu den bisher bearbeiteten sprachwissenschaftlichen Aufgaben viel umfangreicheren Arbeit, noch dazu in einer eng bemessenen Frist, für Prüfungskandidaten eine beträchtliche Herausforderung dar. Dass sich da zunächst Ratlosigkeit einstellen kann, ist nur natürlich. Das vorliegende Buch soll helfen, diesen Zustand möglichst zu vermeiden.

1.3 Dissertation

Im Gegensatz zur terminlich gebundenen, viel kürzeren Bachelor- oder Masterarbeit müssen in einer Dissertation (und natürlich einer Habilitationsschrift) „beachtliche" oder sogar „wesentliche" wissenschaftliche Ergebnisse bei der eigenständigen Behandlung eines umfassenderen Themas erzielt werden, die über den jeweiligen Forschungsstand hinausweisen, denn Dissertationen werden schließlich als vollgültige Forschungsbeiträge veröffentlicht (Poenicke 1988: 99; Andermann et al. 2006: 118; Standop & Meyer 2008: 11). So heißt es z.b. in der Promotionsordnung der Philosophischen Fakultät der Universität zu Köln vom 12.01.1999:

> Die Dissertation muß ein Thema behandeln, das in den Bereich der Prüfungsfächer der Philosophischen Fakultät [...] fällt. Sie muß wissenschaftlich wesentliche Ergebnisse enthalten und die Fähigkeit der Bewerberin bzw. des Bewerbers zu selbständiger Forschung und klarer Darstellung ihrer bzw. seiner Erkenntnisse bekunden.

Wie bei allen wissenschaftlichen Arbeiten geht es also auch bei einer Dissertation einerseits um inhaltliche und andererseits um formale, sprachliche Aspekte. In inhaltlicher Hinsicht ist für eine Dissertation nicht nur die Auseinandersetzung mit der einschlägigen Literatur zum gewählten Thema unerlässlich, sondern die Ergebnisse der Arbeit müssen über bisherige Forschungsergebnisse hinauszugehen; die Erzielung neuer Forschungsergebnisse ist also für eine Dissertation unerlässlich. Voraussetzung dafür ist zunächst einmal die Berücksichtigung des Forschungsstandes, aus der sich die eigentliche Fragestellung ergibt. Deshalb muss in einer Dissertation deutlich gemacht werden, auf welche Vorarbeiten der Verf. zurückgreift. Dies geschieht im ersten Teil der Dissertation, wo auch die Ziele der eigenen Untersuchung vorgestellt werden. Der Hauptteil einer Dissertation ist der Erarbeitung und Darstellung neuer Forschungsergebnisse gewidmet.

Dabei muss versucht werden, Sachverhalte umfassend darzustellen und geistig zu durchdringen und Probleme nicht nur grob anzusprechen, sondern so weit wie möglich zu diskutieren, um sie vielleicht lösen zu können. Beispiele können dabei der Illustration der Argumentation dienen, diese aber keinesfalls ersetzen (s. Kap. 4).

Auch in einer Dissertation muss das **Thema** eingegrenzt werden. Im Gegensatz zu einer termingebundenen Bachelor- oder Masterarbeit muss der Ausschluss gewisser Teilbereiche des Themas hier aber sachlich begründet werden, z.B. dadurch, dass diese für das gewählte Thema nicht zentral sind oder keine andersartigen Ergebnisse erwarten lassen. So ließe sich in einer Arbeit über die Rolle der Ikonizität in der lexikalischen und grammatischen Struktur von Gebärdensprachen z.B. die Behandlung der Metapher mit der Begründung ausschließen, dass diese vor allem in der Poesie eine Rolle spielt, nicht jedoch in den zu behandelnden Strukturbereichen von Lexikon und Grammatik.

Das folgende Beispiel soll die unterschiedliche Art der Begründung des Ausschlusses eines Randphänomens in einer Dissertation und einer Terminarbeit verdeutlichen:

Dissertation: Da die vorliegende Untersuchung der Stellung des attributiven Adjektivs gewidmet ist und viele abgeleitete Adjektive sich in dieser Hinsicht genau wie Simplizia verhalten, kann auf eine Berücksichtigung der Derivation verzichtet werden.

Terminarbeit (Bachelor-/ Masterarbeit): Es würde den Rahmen der vorliegenden Arbeit sprengen, das bis zu einem gewissen Grad unterschiedliche syntaktische Verhalten von Simplizia und abgeleiteten Adjektiven zu untersuchen.

2 Vorbereitung einer sprachwissenschaftlichen Arbeit

Bei Seminararbeiten, Prüfungsarbeiten oder Dissertationen steht den Studierenden bzw. Doktoranden ein **Betreuer** zur Seite, der ihnen im Rahmen des von den jeweiligen Studien- bzw. Prüfungsordnungen Erlaubten behilflich ist. Die Studierenden, Prüfungskandidaten und Doktoranden sollten während der Vorbereitung und im Verlauf der Erstellung einer wissenschaftlichen Arbeit stets mit dem Betreuer in Kontakt bleiben, um der Gefahr zu entgehen, sich bei der Planung und Abfassung der Arbeit zu verrennen. Haben Sie keine Scheu, dem Betreuer Fragen zu stellen bzw. ihm Unfertiges zu präsentieren, denn es ist seine Aufgabe Ihnen zu helfen; beurteilen wird er erst die fertiggestellte Arbeit! Ganz besonders wichtig ist die Beachtung dieses Ratschlags bei Dissertationen, nicht nur, weil es sich hier um viel größere Arbeiten handelt als etwa bei Bachelor- oder Masterarbeiten, sondern gerade auch deswegen, weil sie keine Terminarbeiten sind, aber dennoch in einem vertretbaren Zeitraum abgeschlossen werden sollten. Außerdem ermöglichen die Promotionsordnungen i.a. eine viel intensivere und kontinuierlichere Betreuung von Dissertationen als von Prüfungsarbeiten.

Wesentlich ist, sich die für eine längere Arbeit erforderliche Muße zu verschaffen, um sich in Ruhe in die Thematik eindenken und möglichst kontinuierlich bei der Sache bleiben zu können, denn so werden zeit- und energieraubende „Aufwärmphasen" auf ein Minimum beschränkt. Gerade in den Anfangsstadien der Arbeit, wo die sprichwörtliche Angst vor dem leeren Blatt Papier (bzw. Bildschirm) am stärksten ist, kann es helfen, sich an einen festen **Arbeitsrhythmus** zu halten, in welchem nicht zu knapp bemessene tägliche Zeitabschnitte an möglichst unmittelbar aufeinander folgenden Tagen für die Arbeit reserviert sind. Dies führt auch dazu, dass man sich sogar noch dann unbewusst mit der Arbeit weiter beschäftigt, wenn man sich kurzfristig anderen Dingen zuwendet, z.B. um sich zu erholen. Oft kommen einem in solchen Situationen weiterführende Ideen wie aus dem Nichts. Kontinuierliche Beschäftigung mit der in Angriff genommenen wissenschaftlichen Arbeit, bei der der Faden nicht abreißt, führt auch dazu, mit Freude bei der Sache zu bleiben.

2.1 Themenfindung

Die Themen von Referaten und Seminararbeiten richten sich zwar nach der Thematik der entsprechenden Lehrveranstaltungen, sind aber durch die Interessensgebiete der Studierenden zumindest mitbedingt. Im Gegensatz dazu wird das Thema von Prüfungsarbeiten durch den Prüfer (bzw. den Prüfungsausschuss) gestellt.[1] Allerdings können die Prüflinge hier i.a. den Prüfer wählen und auf jeden Fall den Themenbereich, aus dem das Thema gestellt wird. Niemand muss befürchten, in einer Abschlussarbeit ein Thema aus einem Bereich bearbeiten zu müssen, der ihm gänzlich fremd ist. Auch bei Prüfungsarbeiten finden also die besonderen Fähigkeiten und Interessensgebiete der Kandidaten Berücksichtigung, soweit die Studien- und Prüfungsordnungen dies zulassen.

Bei Dissertationen obliegt die Wahl des Themas zwar dem Doktoranden, allerdings in Absprache mit dem Betreuer. Diese Vereinbarung ist deshalb nötig, weil der Betreuer ja schließlich die Verantwortung für die Durchführbarkeit des Promotionsprojekts übernimmt und sich folglich in dem gewählten Themengebiet entsprechend gut auskennen muss. Erst Habilitationsschriften werden nicht im eigentlichen Sinne betreut, sodass Habilitanden am stärksten auf sich selbst gestellt sind.

Die Wahl der Themen für Dissertationen und Habilitationen sowie andere wissenschaftliche Forschungsbeiträge setzt einen recht hohen Bekanntheitsgrad mit dem entsprechenden Fachgebiet voraus, denn es kommt ja darauf an, eine zum aktuellen Forschungsstand relevante Fragestellung zu finden. Hierzu sind Kenntnisse des Forschungsstandes auf dem betreffenden wissenschaftlichen Gebiet unabdingbar, da sich nur auf dieser Grundlage Forschungsdesiderate und entsprechend interessante offene Fragen erkennen lassen. Bevor sich also z.B. jemand dafür entscheiden kann, ein neurolinguistisches Thema über aphasische Sprachstörungen zu bearbeiten, ist nicht nur eine je nach Anspruch der Arbeit mehr oder weniger gründliche Einarbeitung in dieses Sachgebiet erforderlich, sondern die einschlägige Literatur muss auch auf „Forschungslücken" bzw. unbeantwortete Fragen überprüft werden. Hier könnte sich z.B. zeigen, dass ein Beitrag zum genaueren Verständnis des Agrammatismus und seiner Abgrenzung vom Paragrammatismus von Interesse wäre.

---

[1]   Manche Prüfungsordnungen sehen vor, dass das Thema innerhalb eines bestimmten Zeitraums vom Kandidaten zurückgegeben werden kann.

Angesichts der Fülle der in der Sprachwissenschaft noch zu leistenden Arbeiten der Sprachbeschreibung sowie der interdisziplinären Forschungszusammenhänge wie z.B. denen der Psycholinguistik, Soziolinguistik und Neurolinguistik bieten sich für die meisten Arten sprachwissenschaftlicher Arbeiten in erster Linie empirische an, in denen entweder selbst erhobene oder zur Verfügung gestellte primäre Sprachdaten (d.h. in der sprachlichen Kommunikation tatsächlich vorkommende sprachliche Formen) auf der Grundlage einer theoretischen Fragestellung analysiert werden. Schon die Erhebung oder Auswahl von Sprachdaten setzt im Idealfall voraus, dass der Verf. sich über die wissenschaftliche Fragestellung der Arbeit mehr oder weniger im klaren ist. Hierzu ist eine vorherige Literaturrecherche unabdingbar.

2.2 Literaturrecherche und -aufbereitung, Stoff- und Datensammlung

Die Techniken der Literaturrecherche werden in Kapitel 3 behandelt. Hinsichtlich der Auswahl und Menge der durchzuarbeitenden Literatur gilt es, weder zu wenig noch zu viel zu berücksichtigen. Bei der Bearbeitung der ausgewählten Literatur geht man am besten nicht chronologisch von älteren Arbeiten zu neueren vor, sondern umgekehrt von neueren zu älteren. Ziel der **Lektüre** ist ja nicht, die Forschungsgeschichte nachzuvollziehen, sondern die neuesten Ergebnisse auf dem gewählten Gebiet kennenzulernen und einzuschätzen, welche Rolle ältere Arbeiten auch heute noch spielen. Vom Neueren zum Älteren vorzustoßen, hat zudem den Vorteil, ältere Arbeiten nicht nur aus der Sicht ihrer Autoren zu rezipieren, sondern etwas über ihre Wertung aus der Perspektive der aktuellen Forschungslage zu erfahren. So fällt es leichter, für die eigene Arbeit wichtige von weniger wichtigen älteren Arbeiten zu unterscheiden.

In der Vorbereitungsphase der eigenen Untersuchung dient die Beschäftigung mit der für das eigene Thema einschlägigen Literatur dazu, sich über wesentliche Fragestellungen und vorliegende Forschungsergebnisse zu informieren. Dies führt gleichzeitig zu einer genaueren Eingrenzung des eigenen Themas. In einer späteren Phase, wo es während der Erstellung der eigenen Arbeit um den Vergleich und die Wertung unterschiedlicher theoretischer Ansätze oder die Lösung von Problemen bei der Analyse von Sprachdaten geht, wird man sich der Literatur erneut zuwenden, um Hilfe bei der Beantwortung konkreter Fragen zu erhalten, die sich während der Bearbeitung des eigenen Themas stellen. In dieser Phase lässt sich eine große Menge Literatur, vor allem auch solche zu Einzelaspekten, die in der Vorbereitungsphase der Arbeit zunächst außer Acht gelassen wurde, meist recht zügig durchsehen, weil man lediglich Hilfe bei der Klärung konkreter Sachfragen sucht.

Da die Beschäftigung mit der Literatur also zunächst der Einarbeitung in ein Themengebiet und der Erarbeitung des Forschungsstandes dient und später dazu, hier Hilfe bei der Lösung theoretischer oder empirischer Probleme während der Durchführung des eigenen Projekts zu finden, ist es nicht ratsam, in der Vorbereitungsphase der Arbeit zahlreiche **Lektürenotizen** zu machen, um später alles Wichtige beisammen zu haben. Dies wird allein schon deshalb nicht gelingen, weil man in der Vorbereitungsphase ja noch gar nicht genau weiß, welche Detailfragen und Probleme sich später bei der Durchführung des eigenen Projekts ergeben. Außerdem würde eine solche Vorgehensweise die Phase der Auseinandersetzung mit der Literatur unangemessen verlängern. Wenn man jedoch zu viel liest, wird man sich letztendlich fragen, was man denn nun selbst überhaupt noch untersuchen kann und wie man zu Ergebnissen kommen soll, die das schon Bekannte nicht lediglich wiederholen. Zwar kann eine solch übertriebene Art der Einarbeitung in die Literatur auch durch die Angst mitbedingt sein, tatsächlich mit der eigenen Untersuchung zu beginnen, sie wird aber schließlich die eigene Kreativität lähmen. Wie schnell man zu neuen Problemstellungen kommt, wird aber jeder erleben, der erst einmal damit begonnen hat, ein Sprachdatencorpus unter einem bestimmten Aspekt zu analysieren.

Weil heutzutage die benutzten Literaturquellen i.a. in elektronischer Form oder als Fotokopien permanent zur Verfügung stehen, ist ausführliches Exzerpieren unnötig geworden. Man sollte also wenig exzerpieren, nicht nur, weil dies zeitlich ökonomischer ist, sondern vor allen Dingen auch deshalb, weil man einerseits noch nicht genau wissen kann, welche Textstellen letztlich für die eigene Arbeit verwertet werden können, und man zum andern für die eigene Arbeit wesentliche Passagen vor ihrer Auswertung oder wörtlichen Übernahme noch einmal im Textzusammenhang lesen muss, um ihren Sinn nicht zu entstellen (s. Kap. 5.1, 5.2).

Viel nützlicher als viel zu exzerpieren, ist es, sich während der Lektüre **Stichwörter** zu notieren. In eigenen Büchern oder auf Fotokopien kann man Textstellen, die für das zu bearbeitende Thema relevante Gesichtspunkte enthalten, am Rand durch kleine Haken (mit

Bleistift) eingrenzen, um sie später leicht wiederfinden zu können. Am besten schreibt man außerdem jeweils ein den Inhalt der Textstelle charakterisierendes Stichwort an den Rand und nimmt dieses in die Schlagwortsammlung auf (s. Kap. 3.1). Diese Methode ist günstiger als das Markieren oder Unterstreichen des Textkörpers, da beides dessen Lesbarkeit beeinträchtigt.

Außer Lektürenotizen in Form von Stichworten zu machen, sollte man wichtige Aussagen mit eigenen Worten formulieren anstatt immer nur abzuschreiben. Hierdurch stellt man sicher, dass man die entsprechenden Textstellen verstanden hat und übt sich zugleich in der eigenen Ausdrucksweise. Dies ist besonders bei der Umformulierung fremdsprachlicher (meist englischer) Textstellen auf Deutsch wichtig. Solche **Zusammenfassungen** von zentralen Stellen aus der Literatur und eigene Gedanken, die während der Literaturarbeit entstehen, sollten ausführlich genug formuliert werden, damit man das Gemeinte auch später noch ohne Mühe verstehen kann.

Nur in Ausnahmefällen wird man Textstellen **wörtlich exzerpieren**, um sie später zitieren zu können. Dies ist z.B. bei Büchern zu empfehlen, die an die Bibliothek zurückgegeben werden müssen. Da während der Literaturarbeit noch nicht genau feststeht, welchen Passus des Exzerpierten man in die eigene Arbeit übernehmen wird, ist es nützlich, in der Stoffsammlung die Seitenübergänge festzuhalten, die man später in tatsächlichen Zitaten normalerweise weglässt (zum Format der Kurzzitierweise s. Kap. 5.4).

> „Utterances are the primary reality [326] of language from a communicative point of view because they are the most direct embodiment of a speaker's communicative intentions. And so it is utterances – not words or abstract categories – that children are initially focused on learning" (Tomasello 2003: 325-326).

Die Stichwortsammlung strukturiert man, indem man die einzelnen Begriffe mit **Quellenangabe** in Kurzzitierweise (Autor, Jahr, Seitenangabe) unmittelbar in die vorläufige Gliederung der Arbeit (s. Kap. 2.3) einordnet. So entsteht im Laufe der Literaturarbeit allmählich eine aus Stichwörtern, kurzen Resümees, Zitaten und eigenen Ideen für mögliche Hypothesen bestehende Stoffsammlung, die nach den einzelnen Gliederungspunkten der Arbeit vorstrukturiert ist. Sehr wichtig ist, dass man die Quellen der Stichwörter, Notizen und Zitate sofort in einem Literaturverzeichnis festhält, das die entsprechenden vollständigen bibliographischen Angaben enthält. Beachtet man diese einfache Regel nicht, lässt sich später oft eine zeitraubende Suche nach den Quellen von Notizen und Zitaten nicht vermeiden.[2]

Für empirische Arbeiten, die der Analyse sprachlicher Primärdaten gewidmet sind, beinhaltet die Stoffsammlung außer der Literaturarbeit die Gewinnung oder zumindest Aufbereitung von Beobachtungsdaten bzw. experimentell gewonnenen **Sprachdaten** (s. Kap. 4.4). Sprachliche Primärdaten lassen sich auf vielfältige Weise gewinnen. Die eigene Erhebung von Daten einer fremden Sprache, vor allem einer gefährdeten Sprache, die in einem geographisch weit entfernt liegenden Gebiet gesprochen wird, wird man wegen des erheblichen Aufwands wohl nur für große wissenschaftliche Arbeiten wie Dissertation oder Habilitationsschrift in Angriff nehmen. Für Seminararbeiten oder Prüfungsarbeiten bieten sich eher sog. Pilotstudien an, denen ein begrenztes, gut zugängliches Datenmaterial zugrunde liegt. Auf diese Weise lassen sich größere Problemkreise exemplarisch bearbeiten. Entsprechende Sprachdaten können durch Beobachtung sprachlichen Verhaltens (Diskussionsrunden oder Dialoge in Radio oder Fernsehen; Gespräche zwischen Mutter und Kind; Gespräche Mehrsprachiger, die durch Code-switching gekennzeichnet sind; Neologismen in der Werbesprache oder in den Printmedien usw.) oder experimentell erhoben werden (Elizitation von Bildbeschreibungen oder mündlichen/schriftlichen Bildergeschichten durch monolinguale oder bilinguale Kinder verschiedener Altersstufen oder durch Aphasiker; Ausfüllen von Lückentexten durch Lernende einer Fremd- oder Zweitsprache; Vorlesen von Wort- und Satzlisten vs. freies Sprechen in einer Fremd- oder Zweitsprache usw.). Auf die Vor- und Nachteile von Beobachtungsdaten vs. experimentell erhobenen können wir hier nicht eingehen. Gewisse Sprachdaten sind auch in Datenbanken zugänglich (s. Kap. 10.5). Zu Transkription, grammatischer Kodierung und computerunterstützter Analyse von Datencorpora siehe Kapitel 4 und 10.

2.3 Arbeitstitel, Konzept und erste Gliederung der Arbeit

Außer wenn das Thema einer Arbeit vom Seminarleiter oder Prüfer gestellt wird, wird man der eigenen Arbeit zunächst einen **Arbeitsti-**

---

[2]   Zur Verwaltung von Lektürenotizen lässt sich das Freeware-Programm *literat* (http://literat.net/) verwenden.

tel geben und den endgültigen Titel erst formulieren, wenn die genaue Fragestellung und der sprach- oder grammatiktheoretische Rahmen, in dem sie behandelt wird, feststeht. Dies gilt in erster Linie für Dissertationen und Habilitationsschriften, aber auch für Zeitschriftenaufsätze und Beiträge zu Sammelwerken. Der Arbeitstitel kann zuweilen breiter formuliert sein als der endgültige Titel, weil sich die genaue Problemstellung erst im Laufe der Beschäftigung mit der Literatur bzw. den Sprachdaten herauskristallisieren wird.

> Arbeitstitel einer Dissertation:
> „Das attributive Adjektiv im Französischen"
> Endgültiger Titel:
> „Zur Stellung des attributiven Adjektivs in der französischen Umgangssprache"

Titel wie „zur Stellung des Adjektivs" oder „zur Rolle der Erstsprache im Zweitspracherwerb" klingen bescheidener als „die Stellung des Adjektivs..." oder „die Rolle der Erstsprache..." (vgl. aber Noam Chomsky. 1965. *Aspects of the Theory of Syntax*).

Bei wissenschaftlichen Arbeiten ist planvolles Schreiben unabdingbar. Wer einfach drauflos schreibt, schafft es nicht, einen wohl strukturierten und lesbaren Text zu schaffen, in welchem der Forschungsstand skizziert wird, hieraus die eigene Zielsetzung entwickelt wird, die gewählte Fragestellung klar und verständlich argumentierend behandelt wird, sodass schließlich aus den Ergebnissen Schlussfolgerungen gezogen werden können. Zu einem ersten **Konzept** der eigenen Arbeit gehört also nicht nur eine möglichst präzise Fragestellung mit zentralen und evtl. marginalen Einzelaspekten (s. Kap. 4.2), sondern auch eine wenigstens grobe und zunächst vorläufige erste **Gliederung** (s. Kap. 6.1). Außerdem fertigt man eine Skizze der Zielsetzungen der eigenen Untersuchung an, die später in die Einleitung einfließen wird, und plant die Reihenfolge der zu erledigenden Arbeitsschritte, selbst wenn diese sich noch nicht endgültig festlegen lässt (s. Kap. 6). Zwar wird man das Konzept im Laufe der Arbeit verändern und die Gliederung oft genug umstellen und verfeinern, aber all dies dient der Klärung, vor allem der genauen Eingrenzung des Themas und der endgültigen Festlegung des Inhalts der Arbeit und ihrer Struktur. Es ist einfach eine Tatsache, dass niemand Fragestellung und Gliederung einer wissenschaftlichen Arbeit zu Beginn ein für allemal festlegen kann, weil man ja zunächst mit den komplexen zu behandelnden Sachverhalten noch gar nicht vertraut genug ist. Vielmehr handelt es sich hier um einen mehr oder weniger langwierigen Entwicklungsprozess, bei dem sich die Verf. wissenschaftlicher Arbeiten an deren endgültigen Inhalt und ihre Form allmählich herantasten.

Es ist davor zu warnen, die **„perfekte" Untersuchung** vorlegen zu wollen, welche ein Thema in all seinen Aspekten und Zusammenhängen „vollständig" und sozusagen „für alle Zeit" behandelt. Eine solche Arbeit kann es in der Wissenschaft nicht geben, da es hier nicht um die Suche nach der Wahrheit geht, sondern darum, einen Phänomenbereich methodisch sauber zu untersuchen und auf dieser Grundlage zu theoretischen Aussagen zu kommen, die so lange Bestand haben, wie es keine plausibleren gibt. Verf., die an ihre Arbeiten unrealistische Ansprüche stellen, scheitern oft genug, weil sie die Arbeit nicht in der zur Verfügung stehenden Zeit und mit einem verantwortbaren Aufwand abschließen können. Sobald also z.b. in einer empirischen sprachwissenschaftlichen Untersuchung eine angemessen eingegrenzte Fragestellung so weit behandelt ist, dass sich im Rahmen des gewählten theoretischen Ansatzes und des Forschungsstandes aufgestellte Hypothesen an den ausgewählten sprachlichen Phänomenen bestätigen oder aber verwerfen lassen und die eigenen Ergebnisse vielleicht noch mit den an anderen Materialien gewonnenen verglichen worden sind, sollte eine Arbeit zum Abschluss gebracht werden, auch wenn sich ihre Ergebnisse nicht unbedingt verallgemeinern lassen. Selbst mit Fallstudien lassen sich wichtige Erkenntnisse gewinnen, denn solange man z.B. noch nicht weiß, wie „das deutschsprachige Kind" die Grammatik seiner Sprache entwickelt, ist jeder empirische Beitrag wertvoll, auch wenn in jedem einzelnen nur wenige Kinder beobachtet werden.

3 Literaturrecherche

3.1 Vorbereitung: Schlagwortsammlung

Eine wissenschaftliche Literaturrecherche beginnt mit einer Sammlung der relevanten Schlagwörter zum Thema. Unter Berücksichtigung dieser Schlagwörter können dann diverse Bibliothekskataloge und Datenbanken nach der passenden Literatur durchsucht werden.

Es ist sinnvoll, die Fragestellung nicht auf ein einziges Schlagwort zu reduzieren, sondern auch übergeordnete, untergeordnete und parallele Schlagwörter mit zu berücksichtigen. Da in Bibliotheken und Datenbankredaktionen für jedes wissenschaftliche Werk bei seiner inhaltlichen Erschließung nur eine begrenzte Anzahl von Schlagwörtern vergeben werden kann, ist es durchaus möglich, dass in einem bestimmten Werk zwar die interessierende Fragestellung behandelt wird, das entsprechende Schlagwort aber nicht vergeben wurde. Deshalb gilt es all jene anderen Schlagwörter ausfindig zu machen, unter denen ebenfalls Information zum Thema vorhanden sein kann. Neben dem eigentlichen Schlagwort sollten also auch verwandte Schlagwörter bei der Recherche verwendet werden, damit das Risiko der unterbliebenen Schlagwortvergabe minimiert und das Thema zudem aus unterschiedlichen Perspektiven umfassend beleuchtet werden kann.

Zwei Quellen können die Suche nach den relevanten **Schlagwörtern** erleichtern, nämlich ein enzykoplädisches Werk und ein terminologisches Wörterbuch. Zum einen empfiehlt es sich, vor der Literaturrecherche eine **Enzyklopädie** zurate zu ziehen, denn dort werden in übersichtlichen Beiträgen einzelne Themen in einem größeren Zusammenhang dargestellt, sodass über- und untergeordnete und andere verwandte Schlagwörter gefunden werden können. Hier sind insbesondere die einzelnen Themenbände der *Handbücher zur Sprach- und Kommunikationswissenschaft*[1] zu empfehlen:

---

[1] Berlin, New York: Mouton de Gruyter. Die bereits erschienen Bände sind für Nutzer der Universitäts- und Stadtbibliothek Köln auch online verfügbar. Der Verf. sollte prüfen, ob in seiner Bibliothek die Möglichkeit der Online-Lesbarkeit besteht.

Bereits erschienen:
Bd. 1: Dialektologie
Bd. 2: Sprachgeschichte
Bd. 3: Soziolinguistik
Bd. 4: Computerlinguistik
Bd. 5: Wörterbücher
Bd. 6: Semantik
Bd. 7: Sprachphilosophie
Bd. 8: Sprachstörungen
Bd. 9: Syntax
Bd. 10: Schrift und Schriftlichkeit
Bd. 11: Namenforschung
Bd. 12: Kontaktlinguistik
Bd. 13: Semiotik
Bd. 14: Fachsprachen
Bd. 15: Medienwissenschaft
Bd. 16: Text- und Gesprächs-
linguistik
Bd. 17: Morphologie
Bd. 18: Geschichte der Sprach-
wissenschaften
Bd. 19: Deutsch als Fremd-
sprache
Bd. 20: Sprachtypologie und
sprachliche Universalien

Bd. 21: Lexikologie
Bd. 22: The Nordic Languages
Bd. 23: Romanische Sprachge-
schichte
Bd. 24: Psycholinguistik
Bd. 25: Dependenz und Valenz
Bd. 26: Übersetzung
Bd. 27: Quantitative Linguistik
Bd. 29: Corpus Linguistics

In Vorbereitung:
Language and Space
Semitic Languages
Comparative Indoeuropean
Linguistics
Die slavischen Sprachen
Rhetorik und Stilistik
History of English
English as a Foreign Language
Gebärdensprache
Body – Language – Communica-
tion
Sprache – Kultur – Kommunikation
Syntax II
Phonetik und Phonologie

Außerdem ist das folgende Werk hilfreich:

Brown, Keith (ed.). 2006. *Encyclopedia of Language and Linguistics.* 2.
Aufl. 14 Bde. Amsterdam: Elsevier. [2. Auflage von: Asher, R.E. & J.M.Y.
Simpson (eds.). 1994. *The Encyclopedia of Language and Linguistics.*
10 Bde. Oxford: Pergamon.]

Neben den zahlreichen enzyklopädischen Artikeln in den Bänden
1-9 der ersten Auflage und 1-13 der zweiten Auflage ist für die
Schlagwortsuche ein Blick in den Indexband[2] sinnvoll. In diesem
Indexband befindet sich neben einer nach Themenbereichen geordneten Liste von allgemeineren Schlagwörtern ein sehr differenziertes

---

[2]   10. Band der ersten Auflage bzw. 14. Band der zweiten Auflage

Sachregister (*subject index*) mit Hinweisen auf Haupt- und Neben-
einträge in der Enzyklopädie, welches dazu geeignet ist, potenzielle
Schlagwörter zu liefern. Inwiefern diese tentativen Schlagwörter mit
denjenigen der Bibliothekskataloge und Datenbanken übereinstimmen, muss in einem weiteren Arbeitsschritt überprüft werden – zur
thematischen Eingrenzung der Fragestellung sind sie aber auf alle
Fälle sehr geeignet.

Ob die Schlagwörter in Listenform oder als *mind map*[3] notiert
werden, hängt von persönlichen Präferenzen der recherchierenden
Person ab. Prinzipiell gilt, dass in die Vorbereitung der Recherche
nicht übermäßig viel Zeit investiert werden sollte. Zwar ist eine sinnvolle Auswahl von Schlagwörtern für eine erfolgreiche Recherche
unerlässlich, aber für den Anfang reicht eine überschaubare Menge,
zumal sich im Laufe der Recherche bei wachsendem Kenntnisstand
weitere Schlagwörter hinzugesellen werden.

Auch ein gutes **terminologisches Wörterbuch** ist in diesem Stadium der Recherche von Nutzen; es gibt etliche sowohl in gedruckter
Form als auch als Online-Ressource. Die folgenden Bücher haben
sich bei unserer Arbeit als brauchbar erwiesen:

Bußmann, Hadumod. 2002. *Lexikon der Sprachwissenschaft*. 3. Aufl.
Stuttgart: Kröner. [enthält ein Register englischer Termini]

Crystal, David. 1997. *The Cambridge Encyclopedia of Language*. 2. Aufl.
Cambridge: Cambridge University Press. [Ausgezeichnetes Handbuch
der Linguistik: Gibt in ausführlicherer Weise, als ein terminologisches
Wörterbuch dies tun kann, in nach Sachgebieten geordneten Kapiteln
(z.B. Grammatik, die Funktionen der Sprache, gesprochene und geschriebene Sprache, Sprachfamilien, Pidgins und Kreolsprachen, Mehr-
sprachigkeit) möglichst umfassend Auskunft über den jeweiligen Gegenstand.]

Glück, Helmut (ed.). 2005. *Metzler Lexikon Sprache*. 3. Aufl. Stuttgart:
Metzler.

Matthews, Peter H. 2005. *The Concise Oxford Dictionary of Linguistics*.
2. Aufl. Oxford: Oxford University Press.

---

[3]   Es gibt zahlreiche Einführungen in Funktion und Gestaltung von *mind maps*
in gedruckter Form. Eine gut organisierte Internetseite zum Thema mit
zahlreichen *links* stellen beispielsweise Konnerth & Senftleben (o.J.) bereit:
<http://www.zeitzuleben.de/artikel/denken/mindmapping-special.html>.

Manche terminologischen Wörterbücher sind auch als CD-ROM erhältlich. In diesem Medium ist die Nutzung von Querverweisen sehr benutzerfreundlich gestaltet und macht lästiges Blättern und langes Suchen überflüssig. Zusätzlich zur CD-Lektüre am heimischen PC können die Nutzer einiger Bibliotheken auch online auf eine solche CD zugreifen. So haben z.b. die angemeldeten Nutzer der Universitäts- und Stadtbibliothek Köln (im Folgenden UB Köln) die Möglichkeit des Online-Zugriffs auf Glück (ed.) 2005.[4] Neben diesen Büchern und CDs gibt es auch Wörterbücher und Glossare, welche nur online nutzbar sind; hier eine kleine Auswahl:

Internetadresse	Glossare / Wortlisten
<http://staff-www.uni-marburg. de/~naeser/gloss-ed.htm>	Englisch-deutsche Wortliste zur Linguistik und Dialektologie
<http://hypermedia.ids-mannheim. de/pls/public/termwb.ansicht?v_ app=g>	Terminologisches Wörterbuch des grammatischen Informationssystems des Instituts für Deutsche Sprache, Mannheim (auf Deutsch)
<http://www.sil.org/LINGUISTICS/ GlossaryOfLinguisticTerms>	Terminologisches Wörterbuch des Summer Institute of Linguistics (auf Englisch)

Tabelle 3.1 Wortlisten und Glossare im Internet

Es ist unbedingt erforderlich, dass die Schlagwortliste für die Literaturrecherche auf Deutsch und auf Englisch vorliegt. Die deutsche Liste wird für die Recherche in deutschen **Bibliothekskatalogen** verwendet, die englische für die Recherche in **Datenbanken**. Für eine fruchtbare Literatursuche ist die Recherche in beiden Informationsquellen notwendig, was in den folgenden Kapiteln 3.2 und 3.3 näher erläutert wird.

3.2 Lokale Bestände: Recherche in Bibliothekskatalogen

Die Recherche in Bibliotheken vor Ort ist normalerweise auf **Sammelbände** und **Monographien** beschränkt; Aufsätze in Zeitschriften

---

[4]   <http://www.ub.uni-koeln.de/ub/ica/digibib.ica>

und Sammelbänden sind in der Regel nicht verschlagwortet und können so auch nicht gezielt in lokalen Bibliothekskatalogen gesucht
werden. Dennoch ist die Recherche in **Bibliotheken vor Ort** durchaus sinnvoll, weil die Bücher schnell verfügbar sind. In Präsenzbib-
liotheken können sie unmittelbar im Lesesaal konsultiert werden, in
Ausleihbibliotheken sind sie schnell ausleihbar. Zudem sind nicht alle
deutschsprachigen sprachwissenschaftlichen Monographien in den
diversen, vor allem US-amerikanischen Datenbanken verzeichnet,
sodass auch aus Gründen der Vollständigkeit die lokale Recherche
unerlässlich ist.

Eine Einführung in die einzelnen Schritte der Katalogrecherche
erübrigt sich an dieser Stelle, da heutzutage alle größeren Bibliotheken für ihre Nutzer entsprechende Einführungen im Internet of-
ferieren. Außerdem bieten nahezu alle Universitätsbibliotheken
Führungen und Einführungskurse in die Katalogrecherche an, meis-
tens zu Semesterbeginn. Hier eine zufällige Auswahl von Kursange-
boten:

Internetadresse	Universitäts-bibliothek	Schulungs-angebote
<http://www.ub.hu-berlin.de/service/schulungen>	Berlin	Kurse
<http://www.ub.uni-frankfurt.de/musik/tfm/tutorial/Tbib.html>	Frankfurt	virtuell und Kurse
<http://www.ub.uni-heidelberg.de/schulung>	Heidelberg	virtuell und Kurse
<https://www.ilias.uni-koeln.de/ilias/goto_uk_cat_72384.html>	Köln	virtuell und Kurse
<http://www.ub.uni-leipzig.de/site.php?page=ben_serv/service/schulung/fach_spz_sg_dlinguisten&lang=de&stil=fc>	Leipzig	Kurse für Linguisten
<http://www.ub.uni-muenchen.de/schulungen>	München	Kurse

Tabelle 3.2 Schulungsangebote einiger deutscher Universitätsbibliotheken

Als allgemeiner Hinweis für die lokale OPAC-Katalogrecherche[5]
mag genügen, dass für eine sinnvolle Suche neben der allgemeinen
(voreingestellten) auch eine erweiterte Suchmaske gewählt werden
kann. Auf diese Weise wird mithilfe von Schlagwörtern[6] gezielt nach
Literatur gesucht. So kann z.b. die Suche auf einen bestimmten Zeitraum begrenzt werden (etwa nur die Literatur aus den letzten 10
Jahren), oder es kann durch Nutzung der logischen Operatoren UND
bzw. ODER oder UND NICHT in der Suchmaske eine thematische
Eingrenzung oder Erweiterung vorgenommen werden (etwa Literatur
nur zu einer bestimmten Sprache und nur aus einem bestimmten
Zeitraum mittels des Operators UND bzw. zu mehreren Schlagwörtern, welche durch ODER verknüpft sind).

Beispielsweise erbrachte eine **einfache** Recherche nach dem **Wort**
„Werbesprache" in der UB Köln im Dezember 2008 129 Treffer.
Hierbei wurden alle Titel und Untertitel nach dem Wort „Werbesprache" durchsucht; des weiteren wurden alle Werke aufgeführt, welchen das Schlagwort „Werbesprache" zugewiesen worden war. Eine
erweiterte Recherche nach dem **Titelstichwort** „Werbesprache" resultierte in 15 Treffern (soll heißen, 15 Bücher aus dem Bestand der
UB Köln enthalten das Wort „Werbesprache" im Titel und/oder Untertitel) – eine solche Recherche lässt allerdings viele Werke unberücksichtigt, die Werbesprache behandeln, dieses Wort aber nicht im
Titel führen. Eine Recherche mit dem **Schlagwort**[7] „Werbesprache"
zeitigte 122 Treffer, eine **Eingrenzung** dieser Schlagwortsuche auf
Werke aus den letzten 10 Jahren (in der Suchmaske 1999 bis 2008)
führte zu 34 Treffern.

Eine Suche unter Nutzung der logischen Operatoren UND, ODER
und UND NICHT erlaubt eine Eingrenzung bzw. Ausweitung der
Recherche. Wenn beispielsweise Literatur zu deutscher Werbesprache
gesucht wird, und zwar ohne Berücksichtigung von Entlehnungen aus
dem Englischen (Anglizismen), so werden die beiden Schlagwörter
„Werbesprache" und „Deutsch" durch UND verknüpft, das Schlag-

---

5   Ein OPAC-Katalog ist eine elektronische Katalogform (Online Public
    Access Catalogue).
6   Natürlich ist auch eine gezielte Recherche nach Autoren, Verlagen, Er-
    scheinungsjahren etc. möglich.
7   Zur Unterscheidung von Titelstichwort (hier synonym mit Stichwort) und
    Schlagwort: Titelstichwörter sind Wörter, die im Titel oder Untertitel
    eines Werkes enthalten sind. Schlagwörter sich Wörter, welche einem
    Werk nach seiner inhaltlichen Erschließung zugewiesen werden (sie be-
    zeichnen das, worum es in diesem Werk hauptsächlich geht).

wort „Anglizismus" wird mit UND NICHT angeschlossen. Das Rechercheergebnis **ohne** den Ausschluss der Anglizismen enthielt 29 Titel, **mit** Ausschluss von Anglizismen wurden 24 Werke angezeigt.

Seit etwa einem Jahr kann von vielen Büchern neben den Titeldaten auch das Inhaltsverzeichnis online im PDF-Format eingesehen und so leichter entschieden werden, ob ein bestimmtes Werk für die eigene Fragestellung von Nutzen ist.

Die Überprüfung der tentativen Schlagwortliste aus Kap. 3.1 erfolgt bei der Bibliothekskatalogrecherche durch den Aufruf des **Schlagwortindex**. In der UB Köln beispielsweise funktioniert dies wie folgt: In der erweiterten Suchmaske wird die Suchfunktion „Schlagwort" gewählt, worauf sich neben der Zeile für das entsprechende Schlagwort der *Index* anklicken lässt. Entweder entspricht das eingegebene tentative Schlagwort einem tatsächlichen Schlagwort, oder aber es wird das orthographisch ähnlichste angezeigt, welches dann ggf. übernommen werden kann. Eine andere Methode der Überprüfung der tentativen Schlagwortliste auf ihre Recherchetauglichkeit ist die Hinzuziehung der Schlagwortnormdatei, nach welcher in wissenschaftlichen Bibliotheken Schlagwörter für einzelne Werke vergeben werden. Sie ist online abrufbar in der Deutschen Nationalbibliothek unter: <http://z3950gw.dbf.ddb.de/z3950/zfo_get_file. cgi?fileName=DDB/searchForm.html>: Es wird wiederum die Option „Schlagwort"(vor oder ab 1986) gewählt und dann im Index überprüft, ob das Schlagwort in dieser oder einer orthographisch ähnlichen Form tatsächlich existiert.

An dieser Stelle soll noch auf die Möglichkeit der Fernleihrecherche und -bestellung hingewiesen werden. Über die **Fernleihsuchmaske**[8] werden verschiedene Kataloge deutschlandweit durchsucht, sodass auch Werke angezeigt werden, welche nicht in der heimischen Bibliothek vorhanden aber aus einer anderen angeschlossenen Bibliothek bestellbar sind. Leider kann hier nicht nach Schlagwörtern, sondern nur nach Titelstichwörtern gesucht werden, aber etwas ergiebiger ist diese Recherche z.B. für das Titelstichwort „Werbesprache" schon: immerhin wird hier anstelle von 15 Titeln (UB Köln) auf 58 Titel deutschlandweit (Katalog Gemeinsamer Bibliotheksverbund) verwiesen.

---

[8] In der UB Köln beispielsweise wie folgt aufrufbar: auf der Homepage links „Ausleihe & Service" anklicken, dann Fernleihe; es öffnen sich zwei Suchmasken: eine für Bücher, eine andere für Zeitschriftenaufsätze. Für die Recherche ist die Maske für Bücher die richtige.

Zusammenfassend ist eine Recherche in Bibliothekskatalogen sinnvoll, wenn es um zeitnahe und problemlose Beschaffung von Monographien und Sammelbänden geht. Für den Einstieg in ein Thema ist diese Art der Literatursuche durchaus sinnvoll. Auch sind in lokalen bzw. landes- und bundesweiten Bibliothekskatalogen viele deutschsprachige Monographien und Sammelbände aufgeführt, welche in US-amerikanischen Datenbanken nicht verzeichnet sind. Als alleinige Recherche reicht sie aber auf gar keinen Fall aus: zum einen werden Zeitschriftenaufsätze, welche den größten Teil der wissenschaftlichen Literatur ausmachen, nicht berücksichtigt. Zum anderen werden nicht alle zutreffenden Schlagwörter zu einem Werk auch tatsächlich vergeben, sodass Literatur zum Thema möglicherweise unberücksichtigt bleibt. Dieser Nachteil der Bibliothekskatalogrecherche betrifft auch Sammelbände, welche schlagwortmäßig recht schwierig zu erfassen sind, sodass hier nur eine Recherche mit übergeordneten Schlagwörtern zum Erfolg führt – in der Hoffnung, dass diese Schlagwörter auch vergeben wurden. Schließlich muss festgehalten werden, dass nur solche Werke angezeigt werden, welche sich in den deutschen Bibliotheksbeständen[9] befinden – alle Werke, welche nicht gekauft oder nicht einer Bibliothek überlassen wurden, bleiben unerwähnt: ein zu Zeiten knapper finanzieller Ressourcen nicht zu unterschätzendes Argument.

3.3 Globale Bestände: Recherche in Datenbanken

Der Vorteil der **Datenbankrecherche** ist ihre Vollständigkeit: zum einen lassen sich nicht nur Monographien, sondern auch Aufsätze aus Zeitschriften und Sammelbänden recherchieren. Zum anderen werden nicht nur lokale, sondern Publikationen weltweit berücksichtigt. Die **lokale Verfügbarkeit** der Treffer wird während der Recherche auf Wunsch in einem Extrafenster angezeigt, wobei im Bedarfsfall sofort eine örtliche Ausleihbestellung oder eine Fernleihbestellung abgeschickt werden kann, sofern das entsprechende Werk in einer angeschlossenen Bibliothek vorhanden ist. Neben dem Nachteil der möglichen Nichtverfügbarkeit gilt die bereits in Kap. 3.2 genannte Problematik der unvollständigen Schlagworterschließung hier gleichermaßen. Die Überprüfung der in Kap. 3.1 erwähnten tentativen Schlagwortliste geschieht in der Datenbankrecherche über den Aufruf des *Thesaurus* der jeweiligen Datenbank.

---

[9]   bzw. in den angeschlossenen Katalogsverbünden

Für die linguistische Literaturrecherche sind vier Datenbanken von Interesse:

1. BLLDB (Online-Version der *Bibliography of Linguistic Literature*) herausgegeben von der Universitätsbibliothek Frankfurt, Sondersammelgebiet Allgemeine Linguistik; Literatur seit 1971, Kurzanleitung unter <http://www.blldb-online.de/bll/hilfe/de/blldb_hilfe_de.html?schnell_suchen.htm>

2. Blonline (Online-Version der *Bibliographie linguistique*) <http://www.linguisticbibliography.com>

3. LLBA (*Linguistics and Language Behavior Abstracts*); Literatur seit 1973, Kurzanleitung unter <http://md1.csa.com/support/QRC-german.pdf>

4. MLA (*Modern Language Association*), Literatur seit 1926; Bedienungsanleitung unter <http://support.ebsco.com/training/tutorials.php>

Die Prinzipien der Datenbankrecherche sollen am Beispiel der LLBA- und MLA-Datenbanken – wiederum zur Werbesprache – dargestellt werden. Für beide Datenbanken sind englische Schlagwörter erforderlich.

Die Recherche in der **MLA-Datenbank** beginnt mit der Überprüfung der tentativen Schlagwörter. Im Falle der bereits erwähnten „Werbesprache" ist dies „advertising language". Der Schlagwortindex befindet sich im sog. *Thesaurus*, welcher oben links auf der Eingangsseite angeklickt werden kann. Nach der Eingabe des Suchbegriffs „advertising language" stehen drei Suchoptionen offen:

*   **Term begins with**: hier werden alle Schlagwörter angezeigt, welche mit dem Wort „advertising" beginnen, im vorliegenden Fall „advertising language" und „advertising terms". Die Relevanz des letztgenannten kann mittels Anklicken durch Anzeige des übergeordneten und der untergeordneten Schlagwörter überprüft werden; es zeigt sich, dass dieses Schlagwort wohl eher nichts mit „Werbesprache" zu tun hat.

*   **Term contains**: es werden alle Schlagwörter angezeigt, welche die Wörter „advertising language" enthalten – im vorliegenden Fall allein eben dieses.

*   **Relevancy ranked**: alle Schlagwörter, welche die Wörter „advertising" und orthographisch ähnliche sowie „language" enthalten, werden angezeigt, z.B. „advertisement", „advertisers", „advertising", „advertising flyers", „classified advertisements", „employment advertisement", „personal advertisements", „political advertising", „public service advertising".

Diese Schlagwörter lassen sich auf ihre Relevanz für die Untersuchung von Werbesprache überprüfen: zunächst einmal können bei einigen von ihnen über- und untergeordnete Schlagwörter angezeigt werden. Daraus ergibt sich zum einen, ob das entsprechende Schlagwort überhaupt etwas mit Werbesprache zu tun hat: so wurden für das Schlagwort *advertising* die über- und untergeordneten Schlagwörter *marketing* und *product placement* angezeigt, beides betriebswirtschaftliche Fachtermini. Es ist davon auszugehen, dass das Schlagwort *advertising* auch für betriebswirtschaftliche Literatur vergeben wurde und für die Literaturrecherche zum Thema Werbesprache ungeeignet ist. Zum anderen kann die Anzeige von über- und untergeordneten Schlagwörtern aber auch weitere relevante Schlagwörter anzeigen, welche nicht das Wort *advertise* und davon abgeleitete Wörter enthalten. Ein Beispiel hierfür ist das relevante Schlagwort *television commercials* als untergeordneter Terminus von *advertisement*, welches bei der Erforschung von Werbesprache durchaus sinnvoll sein kann (z.B. bei der Beantwortung folgender Fragen: Wie ist das Verhältnis von Text- und Bildanteil in einem Werbespot? Welche Information wird sprachlich und welche bildlich übermittelt? Gibt es Sprecher im Off und welche Information übermitteln sie? Wird ein besonderes sprachliches Register genutzt? Lassen sich produktspezifische Unterschiede/Charakteristika hinsichtlich Wortwahl, Syntax, Sprechtempo usw. feststellen?). Andere Schlagwörter, welche nicht unbedingt etwas mit Werbesprache zu tun haben, wurden ebenso ausgeschlossen: beispielsweise ist *personal advertisements* ‚Bekanntschaftsanzeigen' für eine Annäherung an das Thema zu speziell, desgleichen *job advertisement* ‚Stellenanzeige'.

Die Überprüfung eines jeden der o.g. Schlagwörter führte zu folgender endgültigen Schlagwortliste: „advertising language", „advertisement", „advertisers", „television commercials", „classified advertisements", „advertising flyers", „political advertising" und erbrachte eine Trefferliste mit 1131 Titeln – eine Schlagwortsuche mit „advertising language" alleine führte bei der freien Suche (Schlag- und Titelstichwörter) zu 812 Titeln. Die freie Suche im Bibliothekskatalog erbrachte lediglich 129 Treffer. Der Vergleich der Trefferzahlen ist allerdings erhellender, wenn die Anzahl der gefundenen Monographien und Sammelbände berücksichtigt wird: die MLA-Recherche führte zu 25 Monographien und Sammelbänden, während es sich bei den Bibliothekstreffern um 129 Monographien und Sammelbände handelt. Diese Differenz ergibt sich daraus, dass in der MLA-Datenbank nur wenige deutschsprachige Monographien verzeichnet sind, im Gegensatz zu den deutschen Bibliothekskatalogen. Eingegrenzt auf die letzten 10 Jahre reduziert sich die Trefferzahl auf immerhin noch beachtliche 379 Titel, im Vergleich zu 34 Titeln in der lokalen Recherche. Eine Eingrenzung der Recherche auf deutsche Werbeanzeigen ohne Anglizismen resultierte in 58 Treffern; ohne den Ausschluss von Anglizismen waren es 138 Treffer (vs. 24/29 Treffer in der Bibliotheksrecherche).

Eine andere Möglichkeit der **Eingrenzung** der Recherche stellt die nachträgliche Kombination verschiedener bereits erfolgter Recherchen dar. Nachdem die Datenbank mitteils einfacher Suche hinsichtlich „advertising language", „German" und „anglicisms" durchsucht wurde, können nun innerhalb des Menüpunkts *search history* unter Berücksichtigung der logischen Operatoren AND, OR oder NOT die verschiedenen Suchergebnisse miteinander kombiniert werden.

Bei der **Anzeige** der Suchergebnisse können zwei Angebote genutzt werden. Das eine betrifft die Überprüfung der Verfügbarkeit der recherchierten Quelle: So wird für den folgenden Aufsatz angezeigt, dass er in den Universitätsbibliotheken von Trier und Münster und in der Diözesanbibliothek Köln vorhanden und per Fernleihe bestellbar ist:

> Evans, Allen. 2007. „‚Des Pudels Kern': Eine Analyse zur Variation von Sprichwörtern in der Autowerbung." In Wolfgang Mieder (ed.), *Sprichwörter sind Goldes wert: Parömiologische Studien zu Kultur, Literatur und Medien.* (Supplement Series of Proverbium, 25). Burlington, VT: University of Vermont. 241-262.

Das andere Angebot betrifft die bibliographische Anzeige des recherchierten Werks nach mehreren Bibliographierformaten: Leider sind derartig erstellte bibliographische Angaben nicht immer fehlerfrei. Beispielsweise fehlt in allen Angaben zu Evans (2007) die Nennung des Herausgebers des Sammelbandes.[10] Die Angaben von Zeitschrif-

---

[10] Exemplarisch für alle verfügbaren Bibliographierformate sei hier die Angabe im MLA-Format vorgestellt, in welcher die Herausgeber des Sammelbandes fälschlicherweise nicht genannt werden:
Evans, Allen. „‚Des Pudels Kern': Eine Analyse zur Variation von Sprichwörtern in der Autowerbung." Sprichwörter sind Goldes wert: Parömiologische Studien zu Kultur, Literatur und Medien. 241-262. Burlington, VT: Department of German and Russian, University of Vermont, 2007.

tenaufsätzen und Monographien erscheinen jedoch in der Regel korrekt.

Vergleichbar funktioniert die Recherche in der **LLBA**-Datenbank. Hier findet sich der *Thesaurus* hinter der Registerkarte *Search Tools*. Dort gibt es auch eine Option *Index*, hinter welcher sich Listen aller erfassten Autorennamen, Zeitschriftentitel, Sprachen und Publikationsformen verbergen, welche alle einzeln oder beispielsweise mit einer zeitlichen Eingrenzung recherchierbar sind. So kann alles gesucht werden, was ein bestimmter Autor zur „Werbesprache" publiziert hat[11], welche Aufsätze in einer bestimmten Zeitschrift das Thema „Werbesprache" behandeln[12], oder auch, welche Monographien in der Datenbank zum Thema „Werbesprache" berücksichtigt sind.[13] Interessanterweise zeitigt hier eine vergleichbare Recherche wie in der MLA-Datenbank keine gleichen Ergebnisse, der o.g. Aufsatz von Evans ist beispielsweise nicht verzeichnet. Möglicherweise liegt dies daran, dass es in der LLBA-Datenbank kein Schlagwort „advertising language", sondern stattdessen „advertisements" gibt.

Zusammenfassend ergeben sich folgende Regeln für eine sinnvolle **Literaturrecherche**:

1. Es ist eine deutsche und eine englische Liste aller in Frage kommenden Schlagwörter zu erstellen, ggf. unter Zuhilfenahme des Indexbandes der *Encyclopedia of Language and Linguistics* und/ oder anderer Referenzwerke.

2. Für jede einzelne Recherche muss diese Liste mit den in den entsprechenden Katalogen bzw. Datenbanken verwendeten Schlagwörtern abgeglichen werden.

3. Für ein umfassendes Ergebnis sind sowohl die lokale als auch diverse globale Recherchen erforderlich, weil in Bibliothekskatalogen und Datenbanken unterschiedliche Werke erfasst und Schlagwörter eventuell nach unterschiedlichen Kriterien vergeben worden sind.

4. Durch den sinnvollen Einsatz von logischen Operatoren kann die Recherche entweder eingeschränkt oder ausgeweitet werden.

---

[11] So sind beispielsweise von Nina Janich vier Aufsätze verzeichnet, vier von ihr verfasste Rezensionen und sechs Rezensionen von fünf ihrer Bücher.

[12] In der Zeitschrift *International Journal of the Sociology of Language* gibt es vier Aufsätze zum Schlagwort „advertisements".

[13] Es werden fünf Monographien angezeigt.

4 Der Inhalt der Arbeit

4.1 Forschungsstand: Erarbeitung und Darstellung von Forschungsergebnissen aus der Literatur

Rein beschreibendes sprachwissenschaftliches Arbeiten, insoweit darunter theoretisch nicht fundiertes empirisches Arbeiten verstanden wird, ist nicht möglich, denn schon die Entscheidung für eine Fragestellung, unter welcher man sprachliche Phänomene untersuchen will, ist eine theoretische Entscheidung. Ein sprachliches Datencorpus, wie etwa die Dialoge zwischen griechischen Müttern und ihren kleinen Kindern in Spielsituationen lässt sich nicht „einfach nur beschreiben".

Die **Beschreibung von Daten** setzt voraus, dass Fragen gestellt werden, die durch ihre Analyse beantwortet werden sollen. In unserem Beispiel könnten dies z.B. die folgenden sein: Wie lang sind die sprachlichen Äußerungen des einzelnen Kindes? Äußert es sich nur in einzelnen Wörtern (Einwortphase) oder fügt es Wörter zu Äußerungen zusammen (Mehrwortphase)? Kommen Substantive oder Verben in jeweils einer einzigen Form vor (vorflexivische Phase) oder in verschiedenen Formen (flexivische Phase)? Um welche Kasus- oder Numerusformen handelt es sich bei Substantiven, um welche Tempus-, Aspekt- oder Modusformen und welche Personalformen beim Verb? Welche Funktionen haben die Formen jeweils?

Durch Heranziehung der einschlägigen Forschungsliteratur lässt sich herausfinden, inwieweit der ausgewählte Phänomenbereich bzw. die eigene Fragestellung schon untersucht ist, mit welchen Methoden und in welchem theoretischen Rahmen (s. Kap. 2 und 3). Dies zu erkunden, heißt, den für die Fragestellung der eigenen Arbeit relevanten **Forschungsstand** zu erarbeiten. Er bildet die Grundlage, auf der man in der eigenen Arbeit weiter forscht.

Um dem Autor eines wissenschaftlichen Werks gerecht zu werden, muss dieses in seiner publizierten Fassung zitiert werden, denn nur diese spiegelt, i. Ggs. zu einer vorläufigen Fassung, den endgültigen Stand der Arbeit wider, den er zur Publikation freigegeben hat. Auch sollte die sprachwissenschaftliche Literatur möglichst im Original gelesen und zitiert werden. Wenn dies aus sprachlichen Gründen nicht möglich ist, kann eine Übersetzung herangezogen werden.

Quellen sollten möglichst aus erster Hand zitiert werden. Wenn eine Quelle nicht zugänglich ist oder von einem fremdsprachlichen

Werk keine Übersetzung in eine gängige Sprache existiert, darf auch aus zweiter Hand zitiert werden, also auf Sekundärliteratur zurückgegriffen werden, in welcher die betreffende Quelle zitiert ist. Im folgenden Beispiel hätte jedoch das gut zugängliche Buch von Wiese (1997) im Original benutzt werden müssen, anstatt sich auf Stephany (2002) zu stützen.

Schlecht: In numeralen Sprachen werden die meisten Nomen in den Plural gesetzt, wenn sie sich auf mehr als einen Referenten beziehen (Wiese 1997; zitiert nach Stephany 2002).

Besser: In numeralen Sprachen werden die meisten Nomen in den Plural gesetzt, wenn sie sich auf mehr als einen Referenten beziehen (Wiese 1997; vgl. auch Stephany 2002).

Zur Erarbeitung und **Darstellung des Forschungsstandes** genügt es nicht, die einschlägige Literatur zu rezipieren und sozusagen „nachzuerzählen" oder in Auswahl zu zitieren. Vielmehr muss der Verf. sich durch die Auseinandersetzung mit der relevanten Literatur ein möglichst genaues Bild von dem Kenntnisstand erarbeiten, der die eigene Fragestellung betrifft. Diesen gilt es im Einleitungsteil der Arbeit kurz und präzise darzustellen. Ganz wichtig ist, dabei die Relevanz der dargestellten Forschungsergebnisse, Forschungsmethoden oder theoretischen Ansätze für die eigene Untersuchung im Blick zu behalten und in dieser Hinsicht irrelevante Angaben zu vermeiden. Die Darstellung des Forschungsstandes ist also eine beträchtliche eigenständige wissenschaftliche Leistung.

Der Forschungsstand stellt den Kenntnisstand im Hinblick auf die eigene Problemstellung dar. Hier geht es also nicht darum, einen chronologischen Überblick über die Geschichte einer Disziplin zu geben, so wie dies in einem Lehrbuch geschieht.[1] Falls die Berücksichtigung geschichtlicher Aspekte für die eigene Fragestellung wichtig ist, muss dies deutlich gemacht werden. Allgemeine Behauptungen über die Forschungsgeschichte müssen durch entsprechende Literaturverweise belegt werden:

Schlecht: Gebärdensprachen, die einen sehr hohen Anteil ikonischer Zeichen aufweisen, wurden über mehrere Jahrzehnte hinweg als bloße Pantomime betrachtet.

---

[1]   Anders als in didaktischer Literatur gibt man bei der Darstellung des Forschungsstandes auch keine Lektüreempfehlungen.

Besser: [Am Ende des Satzes einige einschlägige Literaturangaben
              anführen, welche die Forschungsgeschichte während min-
              destens dreier Jahrzehnte widerspiegeln.]

Vage Feststellungen wie die, dass ein für die eigene Arbeit zentraler
Begriff „in der Literatur kontrovers diskutiert wird", sind zu vermeiden. Es genügt nicht, hier einige Literaturangaben zu machen, denn
der Leser will wissen, um welche unterschiedlichen Forschermei-
nungen es geht und wie der Verf. sie wertet. Aus dem gleichen Grund
ist das bloße Zitieren diverser Lehrmeinungen in einer Fußnote ab-
zulehnen, denn der Leser erwartet, dass der Verf. sich mit den wichtigsten von ihnen auseinandergesetzt hat.

Alle Aspekte von übergeordneter Bedeutung wie z.B. Analysemethoden, theoretische Ansätze oder empirische Ergebnisse allgemeiner
Art sollten im **Einleitungsteil** dargestellt werden und nicht mit der
Datenanalyse im Hauptteil der Arbeit vermischt werden. Allerdings
erläutert man Fachbegriffe oder methodische Aspekte (z.B. Maße für
den Flexionserwerb wie ‚Percentage of Base Forms (PBF)‘ oder ‚Miniparadigma‘), die bei der Datenanalyse eine Rolle spielen, an Ort und
Stelle. Zum Schluss des Literaturberichts sollte der Verf. offenlegen,
auf welchen der besprochenen theoretischen Ansätze sich die eigene
Datenanalyse stützen soll und welche Ziele mit ihr verfolgt werden.

So wird man z.B. im ersten Teil einer empirischen Untersuchung
des Flexionserwerbs griechischer Kinder den gewählten theoretischen
Ansatz so weit wie nötig beschreiben und ggf. begründen, inwiefern
man ihn für adäquater hält als einen gewissen anderen. Hier würde
man etwa angeben, ob die eigene Untersuchung dem ‚dual-processing
model‘ generativ ausgerichteter Untersuchungen folgt oder vielmehr
der gebrauchsorientierten Sprach- und Grammatiktheorie. Diese beiden Ansätze unterscheiden sich insofern grundlegend, als ersterer
Lexikon und Grammatik sowie regelmäßige und unregelmäßige Flexion kategorisch unterscheidet, während letzterer die Rolle des Le-
xikons betont und lexikalisch basierte Schemata anstelle symbo-
lischer Regeln postuliert. In empirischer Hinsicht wird man in
unserem Beispiel über Untersuchungen zum Flexionserwerb griechischer Kinder berichten. Der Flexionserwerb anderer Sprachen
kann einbezogen werden, insofern sich daraus für die eigene Untersuchung fruchtbare Fragestellungen ergeben.

Wenn auch die Darstellung des Forschungsstandes prinzipiell der
eigenen Analyse vorausgeht, so kann doch an entsprechenden Stellen
der Präsentation der eigenen Analyseergebnisse auf relevante Ergeb-

nisse anderer Arbeiten verwiesen werden. Nach der Datenanalyse kann man im Schlusskapitel der Arbeit erneut Bezug auf den Forschungsstand nehmen, um die eigenen Ergebnisse mit denen anderer Forscher zu vergleichen (s. Kap. 4.5).

Wie schon erwähnt, wird bei der Darstellung des Forschungsstandes nicht über die Literatur um ihrer selbst willen berichtet, sondern im Hinblick auf den Gegenstand der eigenen Arbeit. Daraus folgt, dass die einzelnen Werke nicht eins nach dem anderen referiert werden dürfen. Dann würde nämlich leicht der Eindruck entstehen, dass der Verf. sozusagen seinen Zettelkasten mit Lektürenotizen vor dem Leser ausbreitet (s. Kap. 5.2 und 5.3); vor allem bliebe es hier aber unzulässigerweise dem Leser überlassen, selbst zu einer Synthese der verschiedenen wissenschaftlichen Ansichten und Ergebnisse zu gelangen. Am schlimmsten ist es, wenn in der Darstellung des Forschungsstandes miteinander unvereinbare Beschreibungsansätze oder widersprüchliche Ergebnisse verschiedener Autoren einfach übernommen und kommentarlos nebeneinander gestellt werden. Was hier fehlt, ist die im Hinblick auf die eigene Themenstellung vorzunehmende wertende Abwägung zwischen ihnen.

Die Darstellung des Forschungsstandes ist also unter Berücksichtigung der eigenen Fragestellung thematisch zu gliedern, statt nach einzelnen Autoren oder Werken und ihrer chronologischen Reihenfolge. So lassen sich die in der Literatur zu einem bestimmten Thema gefundenen Fragestellungen und Ergebnisse im Zusammenhang darstellen. Ziel eines Literaturberichts ist es ja, den Forschungsstand, d.h. den Wissensstand zu dem entsprechenden Thema, soweit für die eigene Arbeit relevant, insgesamt zu erarbeiten. Ein Thema wie z.B. die Rolle der Ikonizität in Gebärdensprachen darf deshalb nicht anhand der einzelnen Literaturangaben mehrmals aufgegriffen und dem Leser sozusagen „häppchenweise" präsentiert werden.

Wie man sieht, genügt es nicht, Werke einzeln zu zitieren. Vielmehr verlangt die Erarbeitung des Forschungsstandes vom Verf., dass er sich mit den in der Literatur vertretenen Ansichten, angewandten Methoden und erzielten Ergebnissen auseinandersetzt und diese so weit wie möglich zu einem Gesamtbild verarbeitet. Voraussetzung dafür ist, dass die Ergebnisse anderer Forscher angemessen dargestellt werden. Dazu gehört nicht nur, dass die zitierten Arbeiten inhaltlich korrekt wiedergegeben werden, sondern auch, dass andere Arbeiten, die in einem bestimmten Zusammenhang wichtig sind, nicht unberücksichtigt bleiben. Im folgenden Beispiel wird gegen beide dieser Grundsätze verstoßen.

Schlecht: Während in der Kindersprache des flexionsreichen Kroatischen die ersten Flexionszeichen an Nomina schon im Alter
von 1;6 auftreten, ist die Situation in morphologisch weniger
komplexen Sprachen wie dem Griechischen ganz anders
(vgl. Christofidou & Stephany 1997).

Wie jedoch bei Christofidou & Stephany (1997) nachzulesen, liegen
früheste griechische Kindersprachdaten erst ab dem Alter von 1;7 (1
Jahr und 7 Monate) vor, sodass ein Vergleich mit dem Kroatischen
für die Altersstufe 1;6 nicht möglich ist. Außerdem treten nicht nur
im Kroatischen, sondern auch im Griechischen Nominalformen mit
unterschiedlichen Kasusmarkierungen schon sehr früh auf, wie aus
der Arbeit von Stephany (1997) hervorgeht, die hier aber unerwähnt
bleibt.

Sich mit der Forschungsliteratur auseinanderzusetzen heißt immer,
sie zu **interpretieren** und ggf. zu werten und so über den Inhalt der
herangezogenen Arbeiten hinauszugehen. Dadurch wird die begründete eigene Auffassung des Verfs. deutlich. Auf diese Weise kommt
der Leser bei der Lektüre des Forschungsstandes zugleich wissenschaftlich über die zitierten Werke hinaus, weil ihm eine tragfähige
Neuinterpretation der in einzelnen Untersuchungen vertretenen Ansichten angeboten wird. Im Idealfall (z.B. auf der Ebene einer Dissertation) wird er auch nachvollziehen können, weshalb der Verf. für
seine eigene Untersuchung diesen oder jenen Analyseansatz auswählt
oder sogar zu einem eigenen Analyseansatz vorstößt. In den folgenden Beispielen wird exemplarisch angeführt, was bei der Darstellung des Forschungsstandes zu vermeiden bzw. anzustreben ist:

Schlecht: Sukzessives Referieren von in diversen theoretischen Ansätzen beheimateten Arbeiten zur deutschen Pluralbildung wie
z.B. nicht-generative strukturalistische Ansätze, regelbasierter
Ansatz der generativen Schule (*SPE*-Modell), ganzheitlicher
Gestalt-Ansatz (Schemata), Natürliche Morphologie, Lexikalische Morphologie (Post-*SPE*-Modell). Die Kritik an den Ergebnissen eines Autors einer bestimmten theoretischen Ausrichtung (z.B. gebrauchsorientierte Sprachtheorie) durch einen
Autor einer anderen theoretischen Ausrichtung (z.B. genera-
tive Theorie) wird kommentar- und kritiklos übernommen.

Besser: Es muss die theoretische Fundierung der im Zusammenhang
mit der eigenen Arbeit als wesentlich betrachteten Beschreibungsansätze deutlich gemacht werden. Im Idealfall kommt

es zu einer wertenden Einschätzung von ein oder zwei Ansätzen, sodass der Leser versteht, aus welchen Gründen einem bestimmten Ansatz der Vorzug für die eigene Beschreibung gegeben wird. So kann z.B. darauf verwiesen werden, dass kindliche Übergeneralisierungen von Flexionsmustern (z.B. *-en* in *die hunden* statt *die hunde*) in einem regelbasierten generativen Beschreibungsansatz in ihrer Relevanz für den Spracherwerb oft überbewertet werden und u.a. deshalb in der eigenen Arbeit dem gebrauchsorientierten Ansatz der Vorzug gegeben wird. Auch die Kritik von Autoren an den Ergebnissen anderer Wissenschaftler wird vom Verf. gewertet.

Einander entgegengesetzte theoretische **Forschungsansätze** und empirische Ergebnisse kann man natürlich nicht einfach „zusammenfassen"; vielmehr müssen sie theoretisch durchdrungen und jeweils charakterisiert werden. Einerseits lässt sich der Forschungsstand also nicht atheoretisch darstellen; andererseits ist es aber auch nicht möglich, die verschiedensten theoretischen Blickwinkel erschöpfend zu berücksichtigen (es sei denn, es handelte sich um eine rein theoretische – eigentlich metatheoretische – Arbeit). Vielmehr sollte man sich für die eigene Arbeit, so weit wie möglich begründet, für eine bestimmte theoretische Sichtweise entscheiden und die Forschungsergebnisse entsprechend betrachten.

Eine sprachwissenschaftliche Arbeit muss sich nicht nur mit der neuesten, sondern auch mit **älterer Literatur** befassen, soweit diese noch relevant ist. Nur wenn ältere Arbeiten nicht von vornherein ausgeklammert werden, können alle noch gültigen Einsichten berücksichtigt werden und auf dieser Grundlage neue Erkenntnisse gezeigt werden. Wenn allerdings nach Ansicht des Verfs. inzwischen adäquatere Beschreibungen eines Phänomenbereichs vorliegen, sollte der Leser nicht mit veralteten Auffassungen behelligt werden, nur um der Forschungsgeschichte Rechnung zu tragen.

In einer Arbeit zur Zeichentheorie müssen die klassischen Arbeiten zur Semiotik von Ferdinand de Saussure, Charles S. Peirce und Roman Jakobson berücksichtigt werden. Allerdings muss dies anhand der Literatur zur Exegese des Werks dieser berühmten Autoren geschehen.

Wie oben erwähnt, muss sich die Erarbeitung des Forschungsstandes auf die für die eigene Fragestellung **relevante Literatur** beschränken.

In einer Arbeit zum Erwerb der Pluralbildung im Deutschen als Zweitsprache müssen einschlägige Forschungsergebnisse zum Zweitspracherwerb (und evtl. zum Erstspracherwerb) der deutschen Nominalflexion vorgestellt werden. Demgegenüber sind Arbeiten zur historischen Entwicklung der deutschen Nominalflexion oder gar zur Diachronie der Nominalflexion in den idg. Sprachen für eine solche Untersuchung irrelevant.

Besonders bei vielfach und gut untersuchten Forschungsgegenständen wie z.B. Tempus und Aspekt ist eine gewisse Vorabinformation über diesen Bereich der Sprachstruktur vonnöten, um aus der immensen Menge an Literatur gezielt auswählen zu können. Hier wäre es nicht nur unmöglich, die vorhandene Literatur zur Gänze in den Forschungsbericht aufzunehmen, sondern dies würde sich angesichts der Fülle verschiedener theoretischer Ansätze auch für die eigene Arbeit als wenig fruchtbar erweisen. Andererseits kann aber gerade auch in solchen Fällen nicht auf eine theoretische Grundlegung verzichtet werden wie das folgende „schlechte" Beispiel zeigt:

Schlecht: Die zahlreichen Arbeiten zu zwei der wichtigsten grammatischen Kategorien des Verbs, nämlich Tempus und Aspekt, haben zu einer wenigstens ungefähren Vorstellung von diesen Kategorien und den Unterschieden zwischen ihnen geführt.

Besser: Tempus und Aspekt, die zu den wichtigsten grammatischen Kategorien des Verbs gehören, sind im Gegensatz zum Modus temporale Kategorien. Während es beim Tempus um zeitliche Beziehungen (typischerweise von Sachverhalten bzw. der Betrachtzeit zur Sprechzeit) geht, drückt der Aspekt die innere zeitliche Struktur von Sachverhalten aus. [Es folgt eine Auseinandersetzung mit für die eigene Fragestellung relevanten theoretischen Ansätzen zu Tempus und Aspekt.]

Wenn über die Literatur auch nur auszugsweise berichtet werden kann und soll, so müssen die Inhalte, welche im Zusammenhang mit der eigenen Arbeit wesentlich sind, doch so vollständig wiedergegeben werden, dass ein Leser, der die zitierten Arbeiten selbst nicht kennt, die ihm vorliegende Abhandlung mit Erfolg und Gewinn lesen kann, ohne sich zuvor mit den angegebenen Quellen beschäftigen zu müssen. Bei nicht allgemein zugänglicher Literatur (z.B. im Druck befindliche Werke, unveröffentlichte Vortragsmanuskripte oder Magisterarbeiten) ist diese Möglichkeit ihm ja zudem i.a. verwehrt. Damit der Leser eine Feststellung wie die folgende verstehen kann, muss Talmys Typologie der Versprachlichung des Raums wenigstens insoweit skizziert werden, dass der Begriff des Satelliten und der Unterschied zwischen verb- und satellitenzentrierten Sprachen klar wird.

> Nach Talmy (1985) wird in einer satellitenzentrierten Sprache wie dem Deutschen im Gegensatz zu einer verbzentrierten wie dem Französischen der Pfad am Satelliten beschrieben (vgl. dt. *sie geht hinein* mit franz. *elle entre*).

Anstatt wie im folgenden Beispiel die Arbeiten von Breu und Sasse lediglich zu nennen, müsste ein kurzer Abriss von Breus Aspekttheorie der slawischen Sprachen und ihrer allgemeinsprachwissenschaftlichen Erweiterung durch Sasse folgen, damit der Leser verstehen kann, auf welchem theoretischen Ansatz die vorliegende Abhandlung fußt.

> *Schlecht:*   Der Begriff des Aspekts wird hier im Sinne der Arbeiten von Breu (1994) und Sasse (1991) einerseits als lexikalische und andererseits als grammatische Kategorie verstanden.

Bei nicht allgemein bekannten **Fachbegriffen** wie ‚Miniparadigma' genügt es nicht, auf eine Quelle zu verweisen, sondern der Begriff muss in der eigenen Arbeit definiert werden, damit der Leser nicht selbst in der Quelle nachschlagen muss.

> *Schlecht:*   Im Gegensatz zur Verbalflexion fehlen in der frühen kindlichen Nominalflexion des Griechischen echte ‚Miniparadigmen' (s. Bittner, Kilani-Schoch & Dressler 2003: xvi) fast ganz, weil i.a. nicht mehr als zwei verschiedene Flexionsformen eines Nomens benutzt werden.
>
> *Besser:*   Unter einem ‚Miniparadigma' versteht man im Prä- und Protomorphologieansatz der Kindersprachforschung eine Menge von mindestens drei distinkten Flexionsformen desselben Lemmas (Bittner, Kilani-Schoch & Dressler 2003: xvi). Im Gegensatz zur Verbalflexion fehlen in der frühen kindlichen Nominalflexion des Griechischen echte ‚Miniparadigmen' fast ganz, weil i.a. nicht mehr als zwei verschiedene Flexionsformen eines Nomens benutzt werden.

Bei der Erarbeitung der Literatur geht man am besten nicht historisch vor, sondern beginnt mit den neuesten Werken und schreitet dann zu älteren fort. Dieser Weg ist nicht nur weniger zeitaufwändig, weil man sich die Einsichten späterer Forscher bei der Wertung älterer Arbeiten zunutze machen kann, sondern man gewinnt so zugleich einen Einblick in die aktuelle Forschungsdiskussion (s. Kap. 2.2). Weiterhin schützt diese Vorgehensweise davor, einen veralteten Forschungsstand aus der Literatur zu übernehmen. Ältere Arbeiten dürfen nämlich nicht so dargestellt werden, als stellten sie den neuesten Forschungsstand dar; d.h. sie dürfen nicht auf der Kenntnisstufe ihrer Entstehungszeit referiert werden, sondern müssen vom Standpunkt der aktuellen Forschung aus betrachtet werden.

So wäre es falsch, die Arbeiten zur Fehlerlinguistik im Fremdspracherwerb aus den 1960er Jahren auf dem damaligen Forschungsstand zu referieren, sondern dies muss unter Berücksichtigung der inzwischen vorliegenden Ergebnisse aus der Erforschung von Lernersprachen im natürlichen Zweitspracherwerb geschehen. Bei einem Fortschreiten vom Neueren zum Älteren darf man sich bei der Erarbeitung des Forschungsstandes aber nicht blind auf die Meinung Dritter verlassen. Weil eine Rezeption aus zweiter Hand eine gewertete ist, kann es gefährlich sein, für die eigene Arbeit wesentliche Quellen nicht selbst zu lesen und so auf Informationen aus erster Hand zu verzichten.

Die **wissenschaftliche Redlichkeit** verlangt, dass man sich den Forschungsstand nach Maßgabe der eigenen Forschungsaufgabe erarbeitet, bevor man sich zu einem gegebenen Phänomenbereich äußert. Das folgende schlechte Beispiel zeigt, dass der Verf. sich nicht über die Erforschung der Ammensprache (*baby talk*) informiert hat und aufgrund dessen eine unzutreffende eigene Meinung niederlegt, was unerfahrene Leser in die Irre führen könnte. Es ist nämlich erwiesen, dass die Ammensprache nicht „fehlerhaft" ist, sodass sich kindliche Abweichungen von der Zielsprache nicht durch „Fehler" in der an das Kind gerichteten Sprache erklären lassen.

Schlecht: Für bestimmte Fehler sind die Kinder nicht verantwortlich, da Eltern oft selbst in einen ‚Babytalk' verfallen.

Besser: In vielen Kulturen benutzen Eltern, wenn sie sich an kleine Kinder wenden, eine ‚Ammensprache' (engl. *babytalk*). Dies ist ein vereinfachtes und verdeutlichendes sprachliches Register, das aber keine ungrammatischen Strukturen aufweist (Snow & Ferguson (eds.) 1977). Damit steht z.B. die deutsche Ammensprache in krassem Gegensatz zum sog. ‚Aus-

länderdeutsch', einem pidginisierten Register, das manche
Deutschsprachige Ausländern gegenüber benutzen.

Wie oben erwähnt, schließt die Auseinandersetzung mit der Literatur
nicht nur ihre Charakterisierung, sondern auch ihre **Wertung** ein.
Unterschiedliche Forschungsansätze, Methoden und Ergebnisse müssen gewichtet, also gewertet, werden. Bevor man eine Quelle wertet,
muss sie so referiert werden, dass das Anliegen des betreffenden
Autors deutlich wird. Das folgende Beispiel ist schlecht aufgebaut,
weil der Leser die Wertung einer noch nicht referierten Quelle nicht
verstehen kann.

Schlecht: Dietrich (1995: 83ff.) berichtet, dass die Unterscheidung zwi-
              schen Präsens und Perfekt im Deutschen als Zweitsprache
              vorkommt, was der Aussage (a) von Klein, Dietrich & Noyau
              (1995) unten widerspricht.

Besser: Über die ‚pre-basic variety' des Deutschen als Zweitsprache
              bestehen verschiedene Ansichten: Während Dietrich (1995:
              83ff.) die Meinung vertritt, dass hier schon zwischen Prä-
              sens und Perfekt unterschieden wird, sind die Verbformen
              nach Klein, Dietrich & Noyau (1995) unflektiert und zur zeit-
              lichen Einordnung von Sachverhalten werden fakultativ Tem-
              poraladverbien verwendet.

Die Bewertung wissenschaftlicher Werke in der Darstellung des Forschungsstandes unterscheidet sich grundlegend von derjenigen in der
Rezension solcher Werke. Während es bei der **Rezension** um ein
einzelnes Werk geht und eine genaue Inhaltsangabe und Gesamtbe-
wertung desselben gegeben wird, steht bei der Darstellung des Forschungsstandes nicht das einzelne Werk, sondern der erzielte Kenntnisstand zu bestimmten Fragestellungen im Zentrum des Interesses.
Dieser Kenntnisstand wird mit Hilfe einschlägiger Arbeiten erarbeitet, um dann auf dieser Grundlage selbst weiter zu forschen. Die
folgenden Beispiele, in denen es um die Rolle der Ikonizität in Gebärdensprachen geht, verdeutlichen den Unterschied zwischen beiden Textsorten.

Rezensionstext: Die Struktur des einzelnen Zeichens der Deutschen
                  Gebärdensprache wird von Prillwitz et al. (1985: 10-
                  18) in einem eigenen Kapitel dargestellt. Dabei liegt
                  das Augenmerk hauptsächlich auf dem arbiträren und

konventionalisierten Charakter von Gebärdenzeichen, um so zu zeigen, dass sie sprachliche Zeichen im Sinne Saussures (1916) darstellen.

Forschungsstand: In früheren Arbeiten zur Deutschen Gebärdensprache wird vor allem der arbiträre und konventionalisierte Charakter der Gebärdenzeichen betont, um deutlich zu machen, dass es sich um echte sprachliche Zeichen im Sinne Saussures (1916) handelt (z.B. Prillwitz et al. 1985). Dabei wird der hohe Ikonizitätsgrad von Gebärdensprachen übersehen.

Rezensionstext: Die systematische Skizze der Grammatik der Deutschen Gebärdensprache gliedern Prillwitz et al. (1985) entlang der Wortklassen. Sie umfasst die formale Beschreibung mehrerer Verbklassen sowie die Darstellung der Kategorien Nomen, Pronomen, Numeralia, Adpositionen, Adverbien und Konjunktionen. Zum Abschluss ihrer Skizze gehen die Autoren auf die Wortstellung im Gebärdensatz ein.

Forschungsstand: Der Beschreibung der Deutschen Gebärdensprache von Prillwitz et al. (1985), die die Wortklassen in den Mittelpunkt stellt, lassen sich kaum Informationen zur Rolle der Ikonizität in der DGS entnehmen, da diese Autoren andere Analyseaspekte wie z.B. Inkorporation, Ökonomie und Simultaneität in den Mittelpunkt stellen.

Dass einzelne Ergebnisse früherer Werke veraltet sind, ist selbstverständlich und interessiert im Zusammenhang mit einer neuen Arbeit über einen gegebenen Phänomenbereich nicht, denn, anders als in einer Rezension, wird in der Erarbeitung des Forschungsstandes das einzelne Werk ja nicht im Detail vorgestellt.

Schlecht: Im Folgenden sollen die einzelnen Kapitel des Buchs von Prillwitz et al. (1985) kurz dargestellt und aus heutiger Sicht kritisch gewertet werden.

Besser: Einige Ergebnisse der älteren Untersuchung von Prillwitz et al. (1985) müssen aus heutiger Sicht kritisch bewertet werden.

Für den Forschungsstand unwesentliche Aspekte wie z.B. die Entstehungsgeschichte eines Buchs oder seinen Erfolg oder Misserfolg in den Jahren nach seinem Erscheinen erwähnt man nicht.

Schlecht: Unter dem Titel „Einführung in die Gebärdensprache und ihre Erforschung" veröffentlichte Penny Boyes Braem 1992 eine Zusammenstellung mehrerer Einzelpublikationen in überarbeiteter und erweiterter Fassung. Diese gingen aus einer Vorlesungsreihe zum Thema hervor.

Besser: Neben Prillwitz et al. (1985) ist eine weitere wesentliche frühe Arbeit zur Deutschen bzw. Schweizerischen Gebärdensprache Boyes Braem (1992), die insofern über die DGS hinausgeht, als hier allgemeine Charakteristika von Gebärdensprachen dargelegt werden.

Vorgebrachte **Kritik** an der Arbeit anderer Forscher muss nicht nur sorgfältig begründet werden, sondern sollte konstruktiv sein und, wenn möglich, einen besseren Lösungsweg für eine Problemstellung vorschlagen. Oberstes Gebot ist es, mit den geistigen Produkten anderer Forscher rücksichtsvoll umzugehen. Der Umgang mit der Literatur sollte sich also durch Bescheidenheit und Respekt vor den Leistungen Anderer auszeichnen. Kritische Wertungen müssen behutsam vorgenommen werden.

Das folgende „schlechte" Beispiel weist nicht nur stilistische Mängel auf, sondern ist vor allem für Leser, die Berkos Arbeit nicht kennen, wenig informativ. In der korrigierten Fassung erfährt man hingegen genauer, worum es bei den „Nullantworten" geht und worin Köpckes Erklärung der Daten besteht, aber auch, wo die Grenzen seiner Analyse liegen.

Schlecht: Die wiederholte Analyse der Daten von Berko (1958) durch Köpcke (1998) im Rahmen des Schema-Modells legt nahe, dass die Interpretation der Nullantworten nur teilweise als gültig befunden werden kann.

Besser: Köpcke (1998) kann durch die erneute Analyse von Berkos Daten (1958) nach dem Schema-Modell die Verteilung der Nullantworten bei Kunstwörtern, d.h. der nicht für Plural markierten Formen, erklären, wodurch allerdings Berkos Beschreibung der Daten mittels *Item-and-Process*-Regeln nicht widerlegt wird.

Vor allem negative Urteile über wissenschaftliche Arbeiten müssen besonders sorgfältig begründet werden. Anmaßende oder respektlose Urteile über die wissenschaftliche Leistung anderer Wissenschaftler, gleichgültig ob diese berühmt oder weniger namhaft sind, wirken

nicht nur äußerst störend, sondern werfen auch ein schlechtes Licht
auf den Verf. einer Arbeit. Pauschalurteile, welche bisherige Forschungsarbeiten in Bausch und Bogen verdammen, sind völlig fehl
am Platze, da sie in einer kürzeren Arbeit nicht eigentlich begründet
werden können und außerdem im Allgemeinen nicht zu erwarten ist,
dass ein junger Wissenschaftler etwas bei weitem Angemesseneres
anzubieten hat.

Schlecht: – Die sog. typologischen Studien von N.N. …
– Wir gehen unten auf diese augenscheinlich 'trivialen' Universalien ein.
Besser: – Die typologischen Studien von N.N. lassen in folgender Hinsicht zu wünschen übrig [Es folgt eine begründete Kritik].
– Wir unterziehen die von N.N. aufgestellten Universalien
aus heutiger Sicht einer kritischen Würdigung.

Man sollte auch darauf achten, dass man die Leistung anderer Forscher nicht durch eine ungeschickte Darstellungsweise disqualifi-
ziert.

Schlecht: Aktuelle Studien zur Deutschen Gebärdensprache bestätigen, dass die von Boyes Braem (1992) beschriebenen Strukturen tatsächlich vorkommen (z.B. Glück & Pfau 1997).
Besser: Die Forschungsergebnisse von Boyes Braem (1992) zur
Deutschen Gebärdensprache werden durch neuere Arbeiten
bestätigt (z.B. Glück & Pfau 1997).

Eine eigentlich positiv gemeinte Beurteilung darf nicht herablassend
oder sogar anmaßend wirken:

Schlecht: Voeykova (1998) stellt sinnvollerweise fest, dass...
Besser: Voeykova (1998) ist beizupflichten, wenn sie feststellt,
dass...

Schlecht: Interessanterweise berichtet Greenberg (1963: 112), dass in
keiner der untersuchten Sprachen Singularformen vorka-
men, die länger waren als die entsprechenden Pluralformen.
Besser: Interessant ist, dass Greenberg (1963: 112) in keiner der
untersuchten Sprachen Singularformen fand, die länger waren als die entsprechenden Pluralformen.

Schlecht: Da die Ergebnisse von Boyes Braem (1992) auch heute noch weitgehend Gültigkeit haben, wird ihr Buch von zahlreichen Wissenschaftlern und Lehrern immer noch als Einführung in die Grundstruktur der Deutschen Gebärdensprache empfohlen.

Besser: Neben Prillwitz et al. (1985) ist Boyes Braem (1992) ein weiterer Klassiker zur Deutschen Gebärdensprache.

In der Literatur vertretene, aber aus heutiger Sicht abstruse Auffassungen sollte man weder zitieren noch kommentieren, weil sie lebenden Autoren gegenüber peinlich sind und in der Sache kaum weiterführen. Weiterhin sollte man als nicht korrekt erkannte Definitionen aus Gründen der Rücksichtnahme auf die jeweiligen Autoren nicht wörtlich zitieren.

Schlecht: Boyes Braem (1992) definiert Ikonizität als Beziehung zwischen Form und Inhalt einer Gebärde und setzt dabei ‚Inhalt' und ‚Referenz' gleich: „Für den Linguisten ist eine Gebärde ikonisch, bei der eine Beziehung zwischen ihrer Form und ihrem begrifflichen Inhalt (dem Referenten) besteht" (Boyes Braem 1992: 35).

Besser: Bei der Kennzeichnung der Ikonizität sprachlicher Zeichen wird manchmal nicht zwischen Inhalt und Referenz unterschieden (z.B. Boyes Braem 1992: 35). Diese Unterscheidung ist aber wesentlich, weil...

Man braucht sich im Forschungsbericht nicht sklavisch an eine ausgefallene **Terminologie** zu halten, sondern sollte diese erläutern und zur gängigen Terminologie in Beziehung setzen. Keinesfalls darf für die eigene Untersuchung eine unklare oder unzutreffende Terminologie aus der Literatur übernommen werden; vielmehr sollte versucht werden, eine treffendere Ausdrucksweise zu finden.

Boyes Braem (1992: 34ff.) versteht unter dem Kontrast von „ikonischen" und „linguistischen" Komponenten von Gebärdenzeichen, ikonische und nicht-ikonische sprachliche Gebärden.

Forschungsdesiderate in einem bestimmten Phänomenbereich sollten nur insoweit erwähnt werden, als dies der Begründung der eigenen Themenstellung dienlich ist. Sie brauchen nicht bedauert zu werden, denn für die Relevanz der eigenen Arbeit (z.B. eine Dissertation oder

Habilitationsschrift) könnte sich diese Situation ja geradezu als Glücksfall erweisen.

Schlecht: Leider existiert bis heute noch keine Analyse, die der Frage-stellung nachgeht, unter welchen Bedingungen die feste Wortstellung der griechischen Gebärdensprache verändert werden kann.

Besser: Obwohl die Wortstellungsmöglichkeiten der griechischen Gebärdensprache noch nicht beschrieben sind, können wir uns hier dieser Aufgabe nicht widmen, da sie die Analyse umfangreicherer Textbeispiele voraussetzen würde.

Da die Zielsetzungen der eigenen Arbeit auf der Grundlage des For-schungsstandes und der noch offenen Fragen entwickelt wird, skiz-ziert man die eigene Fragestellung am besten erst nach dem Litera-turbericht.

4.2 Theoretische Position, eigene Fragestellung und Ziele der Arbeit

Vielleicht sollte man nicht so weit gehen zu behaupten, dass die Theorie die Daten schafft, dass also Phänomene erst im Lichte eines theoretischen Rahmens so oder anders erscheinen. Zumindest beein-flusst aber die eingenommene theoretische Position nicht nur maß-geblich die Art der Fragen, die an die empirischen Daten gestellt werden, sondern auch die Analyseergebnisse. Verschiedene theore-tische **Beschreibungsansätze** wie ein strukturalistischer oder ge-brauchsorientierter in dem folgenden Beispiel können die sprach-lichen Daten in ganz verschiedenem Licht erscheinen lassen. In einer Untersuchung des Mutterspracherwerbs nach der gebrauchsorien-tierten Spracherwerbstheorie wird auch die an das Kind gerichtete Sprache der Erwachsenen (,Inputsprache') für die Erklärung des kindlichen Sprachverhaltens eine viel größere Rolle spielen als in einer auf nativistischen Annahmen beruhenden Untersuchung.

In einem strukturalistischen Ansatz des Spracherwerbs, in welchem die Entwicklung allgemeiner Regeln eine zentrale Rolle spielt, wird man eine kindliche Form wie *gehte* (statt *ging*) als Beleg für die Entwicklung der Regel der schwachen Präteritalflexion interpretieren, welche prinzipiell alle schwachen Verben umfasst. Demgegenüber wird eine solche Form

in einem gebrauchsorientierten theoretischen Ansatz lediglich als Beleg
für eine vom Kind erkannte Beziehung zwischen einigen konkreten Verbformen wie *kaufte, holte, tanzte* usw. angesehen und als deren kreative
Übertragung auf ein weiteres Verb. Bei der Form kann es sich also um
eine Analogiebildung handeln oder um die Anwendung eines auf konkreten grammatischen Formen beruhenden ‚Schemas' (*kaufte, holte,
tanzte, *gehte, ...* ‚Vergangenheit').

Da einerseits atheoretisches empirisches Arbeiten nicht möglich ist
(s.o. Kap. 4.1) und andererseits der theoretische Rahmen sowohl die
Art der Untersuchung der Phänomene als auch ihre Ergebnisse wesentlich beeinflusst, muss der theoretische Ansatz, welcher der eigenen Untersuchung zugrunde liegt, angegeben werden. Allerdings
lässt sich seine Wahl typischerweise nicht in letzter Konsequenz begründen (s. auch Kap. 6.3). Selbstverständlich kommen theoretische
Beschreibungsansätze, welche nach dem heutigem Forschungsstand
als veraltet angesehen werden müssen, nicht in Frage. So könnte man
z.B. zu Beginn des 21. Jahrhunderts die syntaktische Struktur einer
Sprache nicht mehr auf der theoretischen Grundlage der *Aspects of
the Theory of Syntax* (Chomsky 1965) oder ihre phonologische Struktur im Rahmen des Modells des *Sound Pattern of English* (Chomsky
& Halle 1968) beschreiben. Das soll aber nicht heißen, dass ältere –
besonders nicht-generative – Forschungsarbeiten, in einem zeitge-
mäßen theoretischen Zusammenhang betrachtet, nicht erneut Relevanz gewinnen und wertvolle Erkenntnisse liefern können.

Zumindest in Arbeiten, die einen genuinen Forschungsbeitrag leisten und nicht nur die Fähigkeit des Verfs. unter Beweis stellen sollen,
methodisch sauber sprachwissenschaftlich zu arbeiten, ist es wichtig,
die Tatsache im Auge zu behalten, dass theoretische Ansätze nie
endgültig sind, sondern sich in der empirischen Arbeit bewähren
müssen und eigentlich durch diese überprüft werden, was idealerweise zu ihrer Revision führen kann. So wäre es z.B. ein wesentliches
theoretisches Ziel einer Beschreibung der morphologischen Gesetzmäßigkeiten kindlicher Sprachdaten nach dem Modell der Natürlichen Morphologie zu zeigen, inwieweit dieses Modell den Daten
gerecht wird. In einer in erster Linie empirisch ausgerichteten Arbeit
wird man sich jedoch damit zufrieden geben, auf Vorzüge oder Nachteile eines Beschreibungsansatzes lediglich hinzuweisen. Eine Wei-
terentwicklung des theoretischen Modells ist hier nicht verlangt.

Das theoretische Modell, in dessen Rahmen die Sprachdaten analysiert werden sollen, muss so weit wie nötig erläutert werden.

In einer Arbeit, in welcher die Entwicklung der Flexion in der finnischen Kindersprache nach dem auf der Natürlichen Morphologie fußenden theoretischen Ansatz der ‚Prä- und Protomorphologie' (Wiener Forschungsprojekt um W. U. Dressler) untersucht wird, müssen die in diesem Modell postulierten Stadien der Prämorphologie, Protomorphologie und Morphologie im eigentlichen Sinne definiert werden. Die Untersuchung des Finnischen sollte dann z.B. deutlich machen, inwieweit es im Erwerb dieser Sprache Evidenz für ein vorflexivisches Stadium bzw. für die angenommenen drei Stufen der morphologischen Entwicklung gibt.

Da empirische sprachwissenschaftliche Arbeiten immer auch **theoretische Ziele** verfolgen, müssen diese bei der Erarbeitung der eigenen Fragestellung und der Zielsetzung der Arbeit berücksichtigt werden, denn das theoretische Interesse einer bestimmten Datenanalyse kann nicht stillschweigend vorausgesetzt werden. So geht es z.B. bei einer Untersuchung des Erwerbs der Nominalflexion in der griechischen Kindersprache um die Frage, ob sich die Kasus- und Numerusunterscheidungen für die Wortart des Nomens allgemein entwickeln oder innerhalb von Genusklassen und ob sich hinsichtlich allgemeiner grammatischer Kategorien wie Kasus und Numerus eine Erwerbsreihenfolge feststellen lässt. Entsprechende Ergebnisse haben theoretische Konsequenzen für die Erforschung der Flexionsentwicklung in typologisch verwandten Sprachen (hier andere flektierend-fusionierende Sprachen wie z.B. das Russische) und laden zum Vergleich mit typologisch verschiedenen Sprachen (hier agglutinierende wie z.B. das Türkische) ein.

Es ist nicht immer einfach, eine interessante **Fragestellung** für ein vorliegendes Datencorpus zu entwickeln. Ein erster Schritt in diese Richtung kann darin bestehen, das Datencorpus durchzusehen und dabei auffällige Phänomene zu notieren (Wolfgang Klein, pers. Mitt.). Diese Methode ist besonders Erfolg versprechend, wenn der Verf. durch das Literaturstudium schon darüber informiert ist, was zu einem gegebenen Forschungsstand in der entsprechenden Art von Daten „ungewöhnlich" ist und theoretisch „interessant" sein könnte. Bevor man sich aber auf eine Fragestellung festlegt, sollte man an Teilbereichen der Daten Pilotstudien vornehmen.

Eine von Eco (2007: 142) empfohlene Strategie, um zu relevanten Fragestellungen über ein gestelltes Thema zu kommen, ist, das Thema in eine oder mehrere Fragen zu verwandeln. Auf ein sprachwissenschaftliches Thema wie z.B. „Die Rolle der Ikonizität in Gebärdensprachen" angewandt, ließen sich Fragen wie die folgenden stellen: Spielt die Ikonizität in Gebärdensprachen eine wesentliche oder eine untergeordnete Rolle? In welchen strukturellen Bereichen von Gebärdensprachen ist die Ikonizität besonders ausgeprägt? Welche Arten der Ikonizität (bildhafte, diagrammatische) spielen auf den verschiedenen Strukturebenen von Gebärdensprachen eine Rolle?

Aus der Fülle der möglichen Fragestellungen wird man für die eigene Arbeit bestimmte auswählen und in einen möglichst folgerichtigen Zusammenhang bringen. So könnte man z.b. in der Untersuchung einer noch wenig erforschten Sprache wie dem im nördlichen Togo gesprochenen Kabiyé (Gur-Sprache, Niger-Kongo) entweder eine einzige Strukturebene, wie z.b. die lautliche Ebene (Phonetik, segmentale Phonologie, Tonologie), gründlich untersuchen oder aber überblicksartig die lautliche, morphologische, syntaktische und semantische Ebene behandeln.

Eine sprachwissenschaftliche Arbeit, in der neue Forschungsergebnisse verlangt sind, darf sich natürlich nicht auf einen Literaturbericht beschränken, sei dieser auch noch so umfangreich. Die Untersuchung einer sprachlichen Kategorie (z.B. Aspekt), die ohne eigene empirische Arbeit auskommen will, müsste zumindest bisherige empirische Untersuchungen in einen neuen theoretischen Zusammenhang stellen und auf diese Weise über den aktuellen Forschungsstand hinausführen.

Die **Ziele** der Arbeit werden im Einleitungskapitel genannt (s. Kap. 6.1 und 6.4). Selbstverständlichkeiten wie die Tatsache, dass sich der Verf. mit der einschlägigen Literatur zu seinem Thema auseinandersetzt, erwähnt man nicht.

Schlecht:	Die Beschreibung des Flexionserwerbs des Griechischen in der vorliegenden Arbeit schließt eine kritische Auseinandersetzung mit bestehenden Auffassungen ein.
Besser:	Die Beschreibung des Flexionserwerbs des Griechischen in der vorliegenden Arbeit wird zeigen, dass bisherige Ergebnisse zum Numerus- und Kasuserwerb teilweise revidiert werden müssen.

Die Ziele der eigenen Arbeit müssen mit gebührender Bescheidenheit formuliert werden. Urteile wie „detaillierte Untersuchung" sollte man den Gutachtern von Prüfungsarbeiten oder den Rezensenten publizierter Arbeiten überlassen.

Schlecht: In dieser Arbeit wird erstmalig die Frage der Wortarten der
             griechischen Gebärdensprache detailliert untersucht.
Besser: Die vorliegende Arbeit widmet sich der bisher kaum unter-
             suchten Frage der Wortarten der griechischen Gebärden-
             sprache.

4.3 Analyse der Sprachdaten und zusammenfassende Darstellung (Tabellen/Diagramme)

Wie oben erwähnt, beginnt man die Analyse der Sprachdaten am
besten mit kleinen Pilotstudien. So kann man sich nicht nur der Trag-
fähigkeit der gewählten Fragestellung vergewissern, sondern auch
der Brauchbarkeit der Transkriptionsweise und der grammatischen
Kodierung und kann beide ggf. nachbessern, solange dazu noch Zeit
ist. Schließlich muss die Analyse des Datencorpus, das einer empirischen sprachwissenschaftlichen Untersuchung zugrundeliegt, aber
erschöpfend und möglichst präzise sein.

Eine solche **Analyse größerer Datenmengen** lässt sich nur com-
putergestützt in einem angemessenen Zeitraum durchführen. Um die
Daten komfortabel am Rechner transkribieren zu können, ist ihre
Digitalisierung Voraussetzung. Für die computergestützte Bearbeitung vieler Fragestellungen ist zusätzlich die grammatische Kodierung der Daten erforderlich. Ein weltweit vor allem von Entwick-
lungspsycholinguisten geschätztes System, das jedoch nicht auf die
Analyse kindlicher Sprache beschränkt ist, ist das *CHILDES*-Projekt
(MacWhinney 2000). Dieses stellt einerseits Transkriptionskonventionen (*CHAT*) und andererseits eine vielfältige und äußerst flexible
Software für die sprachliche Analyse (*CLAN*) bereit. Es beinhaltet
außerdem die Möglichkeit zur automatischen bzw. halbautomatischen
grammatischen Kodierung sprachlicher Äußerungen (Erstellung der
interlinearen Morphemübersetzung) und der Verbindung des Tran-
skripts mit der Tonspur (*Sonic Mode*) (s. Kap. 10.1-10.3).

Voraussetzung für eine erschöpfende Datenanalyse ist zunächst die
Zusammenstellung aller relevanten Beispiele und, soweit nötig, der
sprachlichen oder außersprachlichen Kontexte, in welchen sie vorkommen. Die damit verbundene Sucharbeit leistet der Computer
nicht nur viel schneller, sondern auch zuverlässiger als der Linguist,
der sich so ganz der anspruchsvolleren und vor allem interessanteren
Arbeit der eigentlichen Analyse widmen kann. Soll z.B. die Entwicklung des Numerus im nominalen Bereich bei deutschsprachigen Kin-

dern im Alter zwischen ca. 1;8 und 3 Jahren untersucht werden, müssen etwa monatsweise alle Formen der Substantive zusammengestellt werden, d.h. jedes einzelne Substantiv muss in seinen Singular- und Pluralformen im Äußerungskontext untersucht werden. Die Analyse betrifft z.b. die Häufigkeit von Singular- im Vergleich zu Pluralformen, das Vorkommen bestimmter Substantive im Singular und Plural, das Vorkommen anderer nur im Singular oder auch nur im Plural, verschiedene Arten der Pluralmarkierung, die Funktion von Pluralformen hinsichtlich der Referenz auf eine Multiplizität und Abweichungen von der Zielsprache in Bezug auf die Bildung der Pluralformen oder die Funktion von Singular- und Pluralformen.

Um den Entwicklungsprozess der Kategorie des Numerus beim Nomen aufdecken zu können, müssen all diese Phänomene in kleinen zeitlichen Abschnitten von etwa einem Monat untersucht werden. Würde man z.b. die Sprachdaten eines Kindes zwischen dem Alter von 2 und 5 Jahren in ihrer Gesamtheit analysieren, so käme der eigentliche Prozess der sprachlichen Entwicklung nicht ins Blickfeld. Eine solche Analyse würde lediglich zu dem nicht sonderlich interessanten Befund führen, dass ein Kind bis zum Alter von 5 Jahren den Kernbereich der grammatischen Struktur seiner Sprache erworben hat und somit auch die Kategorie des Plurals.

In longitudinalen Fallstudien, die wenige Probanden umfassen, wäre es außerdem methodisch falsch, die Daten der einzelnen Probanden zu einem einzigen künstlichen, sozusagen „linguistischen" Probanden zu vereinigen. Vielmehr müssen die Daten jedes Probanden einzeln analysiert werden, um individuelle Unterschiede aufdecken zu können, anstatt sie zu verwischen. Bei Querschnittstudien zum Erst- oder Zweitspracherwerb mit vielen Probanden unterschiedlicher Altersstufen können individuelle Unterschiede nicht berücksichtigt werden, denn hier fasst man notwendigerweise die kleinen punktuellen Sprachproben der einzelnen Probanden innerhalb der einzelnen nach Alter oder Kontaktzeit unterschiedenen Gruppen zusammen.

Um der Sprache des Kindes im Mutterspracherwerb oder auch Lernersprachen im Fremd- oder Zweitspracherwerb gerecht zu werden, muss die solchen Sprachsystemen innewohnende teilweise Gesetzmäßigkeit, aber auch ihre hohe Varianz herausgearbeitet werden. Weder die Kindersprache noch die Fremd- oder Zweitsprache darf ausschließlich vom Standpunkt der Zielsprache aus betrachtet werden. Abweichungen von der Zielsprache sind nicht einfach als „Fehler" zu bewerten, sondern als Teil der sich in der Kinder- oder Lernersprache abzeichnenden Systematizität aufzufassen.

Selbst das Fehlen von Abweichungen von der Zielsprache beweist nicht unbedingt den abgeschlossenen Erwerb ihrer grammatischen Struktur. Wenn z.B. bei einem Deutsch lernenden russischen Mädchen auffällt, dass es schon nach dreimonatigem Kontakt mit der Zweitsprache so gut wie keine Kasusfehler macht, darf man daraus nicht vorschnell den Schluss ziehen, die Lernende habe das deutsche Kasussystem erworben. Eine genaue Analyse der in natürlichen Sprechsituationen erhobenen Sprachdaten zeigt nämlich, dass die meisten Substantive Feminina oder Neutra sind, dass der Akkusativ bei Maskulina kaum vorkommt und nur in den sehr seltenen Kontexten, in denen der Genitiv verlangt ist, unmarkierte statt markierter Formen gewählt werden. Daraus lässt sich lediglich der Schluss ziehen, dass die Lernende mit Formen ohne Kasusunterscheidungen im allgemeinen ihre kommunikativen Aufgaben gut bewältigen kann. Hier würde also die bloße Berücksichtigung der Tatsache, dass in der Lernersprache kaum „Fehler" vorkommen, ein falsches Bild der grammatischen Kompetenz der Lernenden ergeben.

Ähnlich verhält es sich, wenn z.B. Lernende des Griechischen als Zweitsprache Formen einerseits fehlerhaft und andererseits korrekt gebrauchen, so z.B. die Nominativformen bestimmter maskuliner Nomina sowohl in Subjektfunktion (korrekt) als auch in Objektfunktion (inkorrekt) und umgekehrt die Akkusativformen zum Ausdruck des Objekts, aber auch des Subjekts. Würde man diese sprachlichen Leistungen nur vom Standpunkt der Zielsprache aus betrachten, so würde dies zu der inadäquaten Schlussfolgerung führen, dass der Nominativ und Akkusativ maskuliner Nomina bis zu einem gewissen Grad erworben ist. Im Extremfall könnte es sich aber so verhalten, dass Lernende, die das Griechische ausschließlich durch Kontakt mit einer Griechisch sprechenden Umwelt erwerben, allgemeine Kasuskategorien wie Nominativ oder Akkusativ noch gar nicht entwickelt haben, sondern vielmehr gewisse Nomina wie *jatrós* ‚Arzt:MASK: NOM:SG', die häufig im Nominativ vorkommen, nur in dieser Form kennen und benutzen, während sie andere, wie z.B. *kathéftri* ‚Spiegel: MASK:OBL:SG', nur in ihrer unmarkierten obliquen Kasusform memoriert haben. Daraus würde man den ganz anderen Schluss ziehen, dass die Lernenden in der Zweitsprache noch gar keine Opposition zwischen verschiedenen Kasus konstruiert haben.

Die aus der Datenanalyse gezogenen **Schlussfolgerungen** müssen so genau wie möglich belegt werden. Dies kann weder dadurch geschehen, dass man dem Leser die Daten selbst präsentiert, noch dadurch, dass man ihn den beschwerlichen und langwierigen Analyseweg sozusagen mitgehen oder im Einzelnen nachvollziehen lässt. Vielmehr ist zu empfehlen, die Analyseergebnisse zu bestimmten Fragestellungen übersichtlich in Tabellen bzw. Diagrammen zusammenzufassen, welche auf der Grundlage der gesamten jeweils relevanten Datenmenge erstellt werden.

Im folgenden Beispiel wurden alle in der Sprache eines griechischen Mädchens in der Zeit vom letzten Viertel des zweiten bis zum letzten Viertel des dritten Lebensjahres vorkommenden Substantive der drei Genera daraufhin untersucht, ob sie in einer oder mehreren Kasus-Numerus-Formen vorkommen. Verschiedene Formen eines Lexems (z.b. Singular und Plural oder Nominativ und Akkusativ) wurden nur dann berücksichtigt, wenn sie verschiedene Funktionen haben. In der Tabelle (nach Stephany & Christofidou 2008: 17) sind sowohl die absoluten Werte als auch die Prozentsätze aufgeführt.

Alter	Lexeme		1 Form	2 Formen
1;9	NEUT	55	48 (87%)	7 (13%)
	FEM	27	26 (96%)	1 (4%)
	MASK	12	8 (67%)	4 (33%)
	Insges.	94	82 (87%)	12 (13%)
2;3	NEUT	65	59 (91%)	6 (9%)
	FEM	49	44 (90%)	5 (10%)
	MASK	18	14 (78%)	4 (22%)
	Insges.	132	117 (89%)	15 (11%)
2;9	NEUT	69	59 (85.5%)	10 (14.5%)
	FEM	45	38 (84%)	7 (16%)
	MASK	14	10 (71%)	4 (29%)
	Insges.	128	107 (84%)	21 (16%)

Tabelle 4.1 Entwicklung der Nominalparadigmen bei einem griechischen Mädchen im Alter von 1;9 bis 2;9

Obwohl sich in **Tabellen** präzise Detailangaben machen lassen, bietet es sich für den Vergleich verschiedener Phänomenbereiche bei einem oder mehreren Probanden an, (z.B. mit Excel) auf der Grundlage der Tabellen **Diagramme** zu erstellen. Je nach darzustellendem Inhalt können dies Linien-, Balken- oder Torten-/Kreisdiagramme sein.

In einer Arbeit zum Spracherwerb lässt sich die Entwicklung eines Phänomens über verschiedene Altersstufen hinweg gut mit einem **Liniendiagramm** darstellen. So könnte man z.B. zeigen, dass sich die Kurve, die die Zunahme der Flexionsformen pro Lexem beim Kind darstellt, derjenigen, welche die entsprechenden Werte der Sprache der Mutter enthält, im Laufe der Entwicklung immer mehr annähert.

Torten-/Kreisdiagramme eignen sich gut, um die verschiedenen Prozentsätze, in die sich ein Phänomenbereich aufteilen lässt, darzustellen. Hier ließe sich z.B. zeigen, welcher Anteil den verschiedenen grammatischen Kasus und Lokalkasus in der finnischen Kindersprache in einem gewissen Entwicklungsstadium zukommt.

Mit einem **Balkendiagramm** lässt sich z.B. der Anteil markierter Kasus- und Numerusformen in der kindlichen Sprache einerseits mit den Verhältnissen in der an das Kind gerichteten Sprache und andererseits mit der Sprache unter Erwachsenen vergleichen. Hier würde sich zeigen, dass gewisse in der Sprache unter Erwachsenen vorhandene Tendenzen in der an das Kind gerichteten Sprache der Mutter stärker ausgeprägt sind und dass das Kind sich eher nach den Tendenzen der ‚Inputsprache' richtet als nach der Sprache unter Erwachsenen. So wäre z.B. der Balken, welcher den Anteil von flexivisch unmarkierten ‚Basisformen' des griechischen Nomens (auf Vokal endende Flexionsformen ohne Flexionszeichen) darstellt, in der Inputsprache bedeutend höher als in der Sprache unter Erwachsenen und in der Sprache des Kindes noch etwas höher, wobei dieser sich aber im Laufe der Entwicklung der Höhe des Balkens der Inputsprache annähert.

Tabellen und Diagramme müssen im Text der Arbeit eingeführt und erläutert werden. Es darf keinesfalls vom Leser verlangt werden, sie selbstständig zu interpretieren. Weder ist dies seine Aufgabe, noch ist er dazu in der Lage, weil er ja noch nicht einmal die Rohdaten kennt.

Am wichtigsten ist die Interpretation von Tabellen und Diagrammen im Hinblick auf die aus ihnen zu ziehenden theoretischen Schlussfolgerungen. Dabei müssen Widersprüche zwischen dem Inhalt der Tabellen oder Diagramme und den Erläuterungen selbstverständlich vermieden werden. Eine Beschreibung von Tabellen, die sich darin erschöpft, ihren Inhalt in Worte zu fassen, ist sinnlos, denn den Inhalt erkennt der Leser ja in den Tabellen (oder Diagrammen).

Schlecht: Im Alter von 1;9 benutzt das Mädchen von 33% der Masku-
              lina zwei Formen, im Alter von 2;3 von 22% und im Alter von
              2;9 29% (Tab. 1). [s. S. 60]

Besser: Wie Tab. (1) zeigt, kommen zwischen dem Alter von 1;9 und
              2;9 bei diesem Mädchen mehr als 80% aller Substantive in
              lediglich einer einzigen Flexionsform vor. Interessant ist,
              dass die Maskulina, obwohl sie viel weniger häufig sind als
              Neutra und Feminina, einen wesentlich höheren Prozentsatz
              an Lexemen mit zwei Kasusformen (der Plural kommt bei
              Maskulina nicht vor) aufweisen als die beiden anderen Ge-
              nera. Dies liegt einerseits an der funktional wichtigen Unter-
              scheidung des Nominativs vom Akkusativ und andererseits
              daran, dass sich nur bei den maskulinen Nomina Nominativ
              und Akkusativ durch die Form des Substantivs unterschei-
              den lassen (z.B. *ánthropos/ánthropo* ‚Mensch:MASK:NOM/
              AKK:SG‘).

Die Wiederholung der Einzelwerte in der folgenden „schlechten"
Erläuterung einer Tabelle ist gänzlich unnötig und theoretisch unin-
teressant, weil der Leser die Werte ja vor Augen hat. Interessanter ist
hier ein Vergleich der Kinder.

Schlecht: Das biologische Alter, in welchem die Kinder zum ersten
              Mal Nominalkasus miteinander kontrastieren, ist 2;2 (Ton-
              ja), 1;8 (Maria), 1;7 (Yuri) und 2;0 (Daria), wie in Tab. (5)
              angegeben.

Besser: Tab. (5) zeigt, dass das Alter der vier Kinder, in welchem sie
              zum ersten Mal Nominalkasus miteinander kontrastieren,
              variiert, nämlich zwischen 1;7 (Yuri) und 2;2 (Tonja).

Tabellen oder Diagramme sollten möglicht in der Nähe des Textes
stehen, in welchem sie erläutert werden, damit der Leser leicht zwischen beiden hin- und herschauen kann. Zwar ist es in einem Vortrag
durchaus empfehlenswert, auf Tabellen oder Diagramme zu verweisen, bevor sich der Vortragende zu ihrem Inhalt äußert, denn so können die Zuhörer ihren Blick auf sie richten, während sie der Interpretation durch den Vortragenden folgen. In einer schriftlichen Arbeit
sollten Tabellen oder Diagramme jedoch, soweit dies drucktechnisch
möglich ist, dem Teil der Darlegung folgen, der sich auf sie bezieht.
Keinesfalls darf man Tabellen oder Diagramme, deren Grundlagen
erst im Laufe eines Kapitels erarbeitet werden, an den Anfang des

Kapitels stellen, denn hier sind sie ja für den Leser noch nicht verständlich.

Weitere Hinweise zu Tabellen und Diagrammen:

- Tabellen enthalten keine leeren Zeilen oder Spalten. So werden z.B. nur diejenigen Kasus einer Sprache in eine Tabelle aufgenommen, die in dem analysierten Datencorpus belegt sind.
- Tabellen oder Diagramme, die gleichartige Inhalte haben, sollten möglichst gleich gestaltet sein, weil dies dem Leser ihren Vergleich erleichtert (z.B. die Datenauswertungen einzelner Kinder). Für Diagramme bedeutet dies auch möglichst gleiche Werteskalen auf den x- bzw. y-Achsen.
- Neben Prozentsätzen sollte sowohl in Tabellen als auch im Text die Menge der Rohdaten der jeweiligen Stichprobe (n = ...) angeführt werden, damit der Leser sich vergewissern kann, dass die Durchschnittswerte nicht auf einer zu kleinen Datenmenge beruhen und aussagekräftig sind.

> *Korrekt:* Das griechische Mädchen Mairi benutzt im Alter von 1;9 13% seiner Substantive in zwei grammatischen Formen (n = 94).
>
> *Schlecht:* Im Alter von 1;9 benutzt das Kind 10% seiner Nomina im Plural (n = 20).
>
> *Besser:* Im Alter von 1;9 benutzt das Kind nur zwei seiner insgesamt 20 Nomina im Plural.

- Es muss darauf geachtet werden, dass die Verweise auf Tabellen oder Diagramme im Text (z.B. ‚s. Tab. 6') korrekt sind. Da im Laufe der Arbeit manchmal Tabellen/Diagramme hinzugefügt oder eliminiert werden, müssen alle Verweise unbedingt zum Schluss der Arbeit noch einmal überprüft werden.
- Die Quellen von aus der Literatur übernommenen Tabellen und Diagrammen (oder auch Sprachbeispielen), müssen angegeben werden (s. Kap. 5.4).

4.4 Sprachliche Beispiele: Funktion, Analyse und Darstellung

Die Beschreibung von Sprachdaten hat das Ziel, möglichst allgemeingültige Erkenntnisse zu gewinnen, welche anhand von Beispielen veranschaulicht werden. Die Analyse darf sich weder an Einzelbeispielen ausrichten noch in der Beschreibung einzelner Beispiele

verlieren, sondern muss versuchen, so weit wie möglich über die
einzelnen Beispiele hinausgehende Gesetzmäßigkeiten zu finden. So
wird z.b. in einer Arbeit über die Ikonizität in einer Gebärdensprache
herausgearbeitet werden, welche Rolle diese im Lexikon und in der
Grammatik der betreffenden Sprache spielt. Anders als im folgenden
„schlechten" Beispiel ausgeführt, ist die Analyse von Beispielen nicht
das Hauptanliegen der Arbeit, sondern diese dienen lediglich der Illustration.

Schlecht:	Die Analyse zahlreicher Beispiele ikonischer Gebärdenzei-chen aus dem Lexikon und der Grammatik dieser Gebärden-sprache bildet den Hauptteil der vorliegenden Arbeit.
Besser:	Im Hauptteil der vorliegenden Arbeit wird einerseits die Rol-le der Ikonizität im Lexikon und andererseits in der Gramma-tik dieser Gebärdensprache beschrieben und anhand von Beispielen illustriert.

In einem wissenschaftlichen Text besteht also die **Funktion von
Beispielen** darin, theoretisch relevante Erkenntnisse oder Argumente
zu illustrieren. Beispiele als solche können eine detaillierte und erschöpfende Analyse des Datencorpus keinesfalls ersetzen. So wichtig
es auch ist, Feststellungen oder theoretische Aussagen durch Beispiele zu illustrieren, so falsch wäre es, dem Leser anstelle von Ergebnissen, die auf der Analyse des vollständigen Datencorpus beruhen, lediglich einige Beispiele zu präsentieren und damit generelle
Behauptungen zu verbinden, die er nicht nachvollziehen, sondern nur
„glauben" kann. Im folgenden „schlechten" Beispiel führt die generelle Feststellung den Leser sogar in die Irre.

Schlecht:	Im Gespräch mit einer griechischen Muttersprachlerin be-nutzt ein polnischsprachiger Proband griechische Formen wie die folgenden: *ándras* ‚Mann', *jatrós* ‚Arzt', *polonós* ‚Pole'. Dies zeigt, dass er den auf /s/ endenden Nominativ Singular maskuliner Substantive erworben hat.
Besser:	Die Analyse der maskulinen Nomina der griechischen Ler-nersprache des polnischen Probanden hat ergeben, dass zwar schon für den NOM:SG markierte Formen des Stan-dardgriechischen vorkommen (z.B. *ándras* ‚Mann', *jatrós* ‚Arzt', *polonós* ‚Pole'), diese aber nicht immer syntaktisch angemessen verwendet werden. Andererseits kommen aber häufig unmarkierte (auf Vokal endende) Formen wie z.B.

ádra anstelle der markierten Formen vor (s. Tabelle 4). Da der Lernende noch nicht zuverlässig zwischen Nominativ und Akkusativ unterscheidet, kann nicht behauptet werden, dass er diese beiden Kasuskategorien vollständig erworben hat.

Wie das folgende „schlechte" Beispiel zeigt, bleiben generelle Behauptungen ohne Illustration durch Beispiele für den Leser sehr abstrakt.

Schlecht: In der Sprache des griechischen Kindes werden zunächst die Kasusformen maskuliner Nomina unterschieden, und zwar Nominativ und Akkusativ Singular.

Besser: In der Sprache des griechischen Kindes werden zunächst die Kasusformen maskuliner Nomina unterschieden, und zwar Nominativ und Akkusativ Singular (z.B. *papús* ‚Großvater: MASK:NOM:SG', *papú* ‚Großvater:MASK:ACC:SG').

Meist genügt es, ein gegebenes Phänomen anhand von einem oder zwei treffenden Beispielen zu veranschaulichen. Zu viele Beispiele für ein und dasselbe Phänomen sind eher störend als hilfreich, denn sie ermüden den Leser, dem es in erster Linie um ein Gesamtbild des Phänomens geht:

Schlecht: Sowohl im Standardfinnischen als auch in der frühen Kindersprache wird der Partitiv bei auf /A/ endenden Stämmen durch Vokallängung markiert, wie in den folgenden Beispielen von Kirsti: 1;0 *pulla-a* ‚Weckchen-PARTIT' (= einige Weckchen); 1;5 *hyvä-ä* ‚gut-PARTIT', *kiva-a* ‚nett-PARTIT', *liha-a* ‚Fleisch-PARTIT'; 1;6 *tila-a* ‚Zimmer-PARTIT', *kuuma-a* ‚heiß-PARTIT', *leipä-ä* ‚Brot-PARTIT'. Einsilbige und konsonantische Stämme tragen im Partitiv das Suffix /–tA/, z.B. 1;3 *tä-tä* dies-PARTIT'; 1;6 *kät-tä* ‚Hand-PARTIT'; 1;7 *uut-ta* ‚neu-PARTIT', *lien-tä* ‚Suppe-PARTIT'.

Besser: [Die Beispiele für die beiden Markierungsarten des Partitivs auf jeweils zwei beschränken.]

Wenn zahlreiche Einzelheiten der Kasusentwicklung beschrieben werden sollen, muss die theoretische Relevanz einer solchen Beschreibung deutlich gemacht werden. Einzelheiten sind z.B. in der gebrauchsorientierten Spracherwerbstheorie wichtig, wo gezeigt werden soll, wie sich grammatische Gesetzmäßigkeiten allmählich auf der Grundlage einzelner Formen entwickeln. Will man alle aufgefundenen Beispiele für ein Phänomen anführen, so kann dies durch eine nach grammatischen Kategorien geordnete Liste oder Tabelle der sprachlichen Formen in einem Appendix geschehen. Die Darlegung darf also nicht grundlos mit Beispielen überfrachtet werden, denn eine große Beispielfülle kann sogar auf Kosten einer übergreifenden Darstellung des Phänomenbereichs gehen. Der Leser wird in solchen Fällen zu sehr mit Details überschüttet, erfährt aber zu wenig über den Untersuchungsbereich insgesamt. So führen viele Einzelbeispiele kindlicher Kasusformen beim Leser ja nicht automatisch zu einem Gesamtbild der Kasusentwicklung. Ein solches zu erstellen, ist Aufgabe des Verfs., der die gesamte Datenlage kennt und unter bestimmten theoretischen Fragestellungen analysiert hat. Er muss herausarbeiten, wie die Entwicklung der einzelnen Kasus (evtl. in einzelnen Teilklassen der Substantive) bzw. des Kasussystems der entsprechenden Sprache insgesamt vonstatten geht.

Wie schon in Kapitel 4.3 erwähnt, ist eine **Analyse der zitierten Beispiele** erforderlich, d.h. es muss angegeben werden, was sie exemplifizieren bzw. in welcher Hinsicht sie im Zusammenhang mit dem theoretischen Ansatz relevant sind. Zu einem leserfreundlich aufgebauten Text gehört also, dass der Leser nicht mit einer Liste von Beispielen konfrontiert wird ohne zu erfahren, was diese demonstrieren sollen (s. Kap. 6.3). Da er sie nicht selbst interpretieren kann, wird der Leser sie in einem solchen Fall einfach überspringen. Am besten ist es, wenn der erläuternde Text den entsprechenden Beispielen vorangeht. Die Erläuterungen der Beispiele teilweise vor diese zu setzen und teilweise danach, kann irreführend sein, weil der Leser die den Beispielen vorangehende teilweise Erläuterung für abgeschlossen und somit unvollständig halten wird.

Über Beispiele aus einem Datencorpus spricht man im **Präsens** und nicht im Präteritum.

Schlecht:	Im Alter von weniger als zwei Jahren verwendete der griechische Junge Spiros schon standardsprachliche Nominativformen maskuliner Substantive wie *líkos* ‚Wolf:MASK:NOM:SG', *Spíros* ‚Spiros:MASK:NOM:SG'.
Besser:	In Spiros Daten im Alter von 1;9 finden sich schon standardsprachliche Nominativformen maskuliner Substantive wie *líkos* ‚Wolf:MASK:NOM:SG', *Spíros* ‚Spiros:MASK:NOM:SG'.
Oder:	Im Alter von 1;9 verwendet Spiros schon standardsprachliche Nominativformen wie *líkos* ‚Wolf:MASK:NOM:SG', *Spíros* ‚Spiros:MASK:NOM:SG'.

Die **Darstellung von Beispielen** enthält folgende Elemente:
– Beispielnummer
– Quelle des Beispiels
– Objektsprachliche Form
– Interlineare Morphemübersetzung
– Idiomatische Übersetzung

Vom laufenden Text abgesetzte Beispiele werden **nummeriert**. Dies geschieht in kürzeren Arbeiten durchgehend, in längeren Arbeiten wie z.B. Dissertationen am besten kapitelweise (s. Kap. 7.3).

Die **Quelle** betrifft Angaben wie die folgenden: Name der Sprache und ggf. ihre genetische Zuordnung bzw. areale Verbreitung; Name des Probanden und Alter oder Entwicklungsstufe; Quelle des Beispiels in der Literatur.

Die **objektsprachliche Form**, also das tatsächliche Sprachbeispiel, wird kursiv gesetzt und je nach Analyseaspekt entweder orthographisch geschrieben oder phonetisch-phonologisch transkribiert. Die Transkription und grammatische Kodierung selbst erhobener Daten richtet sich einerseits nach der Fragestellung der wissenschaftlichen Untersuchung und andererseits nach der Computersoftware, mit deren Hilfe die Analyse durchgeführt werden soll (s. Kap. 4.3 und 10.1).

Die **interlineare Morphemübersetzung** gibt die in einem bestimmten Beschreibungszusammenhang relevante grammatische Struktur der Formen bzw. des Satzes an. Es dient der Klarheit, die grammatischen Kodierungen mit Großbuchstaben zu schreiben, um sie von den lexikalischen Einheiten abzugrenzen.

Eine **idiomatische Übersetzung** ist nur bei nicht als allgemein bekannt vorauszusetzenden Sprachen erforderlich wie in dem folgenden neugriechischen Beispiel. Sie steht in einfachen Anführungszeichen.

(1)   Janna, 2;11 (nach Stephany & Christofidou 2008)
       esí   *íse*   *xaz-ós*
       du   bist   dumm-MASK:NOM:SG
       líkos.
       wolf:MASK:NOM:SG
       ‚Du bist ein dummer Wolf.'

Die Erläuterung der Beispiele sollte im Text vorgenommen werden, damit die Beispiele nicht mit oft schwer verständlichen beschreibenden Notizen befrachtet werden.

Schlecht: (1)   Kind: *möchte ein stift.*
              Genus- oder Kasusfehler (MASK → NEUT oder AKK → NOM)
Besser: Da im Neutrum Nominativ und Akkusativ nicht unterschieden
              werden, führt der Transfer eines maskulinen Nomens ins Neu-
              trum wie in Beispiel (1) gleichzeitig zur Neutralisation dieser
              Kasusunterscheidung. Eine zweite Interpretationsmöglichkeit
              ist, dass die Artikelform *ein* noch nicht zwischen maskulin und
              feminin bzw. Nominativ und Akkusativ unterscheidet.
              (1)   Kind: *möchte ein stift.*

Neben der Bedeutung muss auch die grammatische Struktur der Beispiele erkennbar sein. Da dies bei nicht allgemein bekannten Sprachen nicht selbstverständlich ist, müssen die Beispiele hier nicht nur
mit einer idiomatischen Übersetzung, sondern zusätzlich mit einer
interlinearen Morphemübersetzung versehen werden. In einer „exo-
tischen" Sprache wie dem Cahuilla gibt z.B. die idiomatische Übersetzung des einleitenden Satzes des Schöpfungsmythos keinerlei
Hinweise auf dessen grammatische Struktur.

Cahuilla, uto-aztekisch, Südkalifornien (Seiler 1970: 38f.)
péʔ túkmiyat míyaxwen ʔívʔi ʔú·mun paʔ míyaxwen péqi wam túkmiyat.
‚Es gab nichts außer Dunkelheit.'

In den folgenden „schlechten" Beispielen fehlt teilweise die Analyse
der grammatischen Formen. Außerdem stört die Aufreihung zahl-
reicher Beispiele im laufenden Text den Lesefluss.

Schlecht: Im Kroatischen wird je nach Zahlwort das Substantiv in den
              Genitiv Singular oder Plural gesetzt: z.B. *dvije jabuke* ‚zwei
              Äpfel', *pet jabuka* ‚fünf Äpfel'.
Besser: Im Kroatischen wird je nach Zahlwort das Substantiv in den
              Genitiv Singular oder Plural gesetzt: z.B. *dvije jabuke* ‚zwei
              Äpfel:GEN:SG' (= zwei Äpfel), *pet jabuka* ‚fünf Äpfel:GEN:
              PL' (= fünf Äpfel)

Schlecht: In Abhängigkeit von der syntaktischen Konstruktion, in wel-
              cher sie gebraucht werden, nehmen finnische Substantive
              verschiedene Kasusformen an, z.B. Imperativ *lue kirja!* ‚lies
              das Buch!', Passiv *kirja luettiin* ‚das Buch wurde gelesen',
              Indikativ Aktiv *luen kirja-n* ‚ich lese das Buch-AKK', *hän luki
              kirja-n* ‚sie hat das (ganze) Buch gelesen'.

Besser:	(1)	*lue*	*kirja!*
		lesen:IMP	Buch:GEN
		‚Lies das Buch!' [usw. für die übrigen Beispiele]	

Sowohl im Text zitierte als auch vom Text abgesetzte **Beispiele der Objektsprache** (beschriebene Sprache; im vorstehenden Beispiel Finnisch) werden kursiv geschrieben, um sie von der Metasprache (Sprache, in welcher die Abhandlung geschrieben ist; in diesem Buch Deutsch) abzugrenzen. Stimmen Objekt- und Metasprache überein, was idiomatische Übersetzungen überflüssig macht, kann man objektsprachliche Ausdrücke auch in einfache Anführungszeichen setzen.

Schlecht:	Ableitungen auf –ung, wie z.B. Dehnung, Umklammerung, sind im Deutschen feminin.
Besser:	Ableitungen auf *–ung*, wie z.B. *Dehnung, Umklammerung,* sind im Deutschen feminin.

Damit interlineare Morphemübersetzungen nicht unnötig komplex werden, beschränkt man sich auf die Angabe der in einem gegebenen Zusammenhang relevanten grammatischen Phänomene. So braucht in einer Arbeit, die sich mit dem Gebrauch des imperfektiven und perfektiven Aspekts im Neugriechischen beschäftigt, die Struktur der Nominalphrasen nicht im Detail angegeben zu werden.

Ekína ta chrónja píjen-e taktiká stin Athína.
jene die Jahre geh:IPFV-PAST:3S regelmäßig nach Athen
‚In jenen Jahren fuhr sie regelmäßig nach Athen.'
To 2007 píj-e ksaná stin Athína.
das 2007 geh:PFV-PAST:3S wieder nach Athen
‚Im Jahr 2007 fuhr sie wieder nach Athen.'

Es ist heute aus Gründen der Eindeutigkeit üblich, für die **grammatische Kodierung** englische Bezeichnungen zu verwenden (s. Kap. 10.3 und Anhang), aber selbstverständlich sind in einer deutsch geschriebenen Abhandlung deutsche Termini durchaus zulässig. Die grammatischen Kategorien werden in der interlinearen Morphemübersetzung in einer bestimmten Reihenfolge angeführt, z.B. Kasus vor Numerus, also NOM:PL und nicht PL:NOM. Sowohl für die computerunterstützte Analyse als auch in der resultierenden Darstellung ist es wichtig, durchgängig ein und dieselbe Form und Reihen-

folge der Kategorien zu benutzen (z.B. *Haus* ‚haus:NEUT:NOM/
AKK:SG‘; *singt* ‚singen:PRÄS:3S‘).

In Abhängigkeit vom Sprachtyp lassen sich sprachliche Formen
klar in Morpheme segmentieren oder nicht. Die **Segmentierung** der
objektsprachlichen Beispiele muss mit derjenigen in der interlinearen
Morphemübersetzung übereinstimmen.

Schlecht:	türk. *evlerde* ‚Haus-PL-LOK‘ (= in den Häusern)
Besser:	türk. *ev-ler-de* ‚Haus-PL-LOK‘ (= in den Häusern)

Wenn in fusionierenden Sprachen sprachliche Formen nicht in einzelne Morpheme segmentiert werden, darf das in der interlinearen
Übersetzung auch nicht geschehen.

Schlecht:	neugriech. *ánthropos* ‚Mensch-MASK:NOM:SG‘
Besser:	neugriech. *ánthropos* ‚Mensch:MASK:NOM:SG‘

Weil nur Beispiele aus nicht als allgemein bekannt vorauszusetzenden
Sprachen mit einer **idiomatischen Übersetzung** versehen werden,
übersetzt man englische Beispiele i.a. nicht und lateinische nur in
Ausnahmefällen. Einfache englische Beispiele wie *book-s* mit inter-
linearer und idiomatischer Übersetzung zu versehen (*book-s* ‚Buch-
PL‘ (= Bücher)), ist übertrieben und wirkt lächerlich.

Schlecht:	Beispiele für diagrammatische Ikonizität sind Komparations-formen wie engl. *high, higher, highest* ‚hoch, höher, am höchsten‘ und lat. *altus, altior, altissimus* ‚hoch, höher, am höchsten‘.
Besser:	Beispiele für diagrammatische Ikonizität sind Komparations-formen wie engl. *high, higher, highest* und lat. *altus, altior, altissimus*.

Ob Beispiele orthographisch oder in phonetisch-phonologischer
Transkription zitiert werden, hängt davon ab, ob ihre Lautform im
Argumentationszusammenhang relevant ist. Wenn die Beispiele in
einer Arbeit durchweg orthographisch wiedergegeben werden, können die phonetischen Werte der Buchstaben an denjenigen Stellen
angegeben werden, wo dies wichtig ist. Beispiele aus Sprachen mit
nicht-lateinischen alphabetischen Schriften (z.B. Russisch, Griechisch), werden, je nachdem, ob die Arbeiten in Einzelphilologien
angesiedelt oder allgemein sprachwissenschaftlich ausgerichtet sind,

entweder orthographisch (z.B. kyrillisch, griechisch) geschrieben, mit lateinischen Buchstaben (aus einem anderen Alphabet) transliteriert oder phonetisch-phonologisch transkribiert. Auf jeden Fall muss bei der Verwendung von Symbolen, die sowohl als Grapheme als auch in der phonetisch-phonologischen Transkription vorkommen, deren jeweiliger Status angegeben werden. Im folgenden „schlechten" Beispiel bleibt unklar, dass es sich bei den angeführten Buchstabenzeichen um kroatische Grapheme handelt.

Schlecht: In auf Palatal auslautenden Maskulina des Kroatischen (č, ć, š, ž, đ, dž, lj, nj, j bzw. r und c) endet der Instrumental auf –m und der Vokativ auf –u.

Besser: In auf Palatal auslautenden Maskulina des Kroatischen (<č, ć, š, ž, đ, dž, lj, nj, j> bzw. <r> und <c>) endet der Instrumental auf –m und der Vokativ auf –u.

Für die phonetische oder phonologische Transkription sollten, so weit wie möglich, allgemein übliche und leicht zugängliche **Sonderzeichen** verwendet werden. Hier bieten sich z.B. weit verbreitete und kostenlos im Internet zugängliche Zeichensätze an (s. Kap. 10.2).

4.5 Zusammenfassung und Diskussion der Ergebnisse der Arbeit

Das **Schlusskapitel** rundet die Arbeit ab, indem die wesentlichen Ergebnisse der Untersuchung im Hinblick auf die in der Einleitung genannten Ziele zusammengefasst werden (s. Kap. 6.4). Es empfiehlt sich deshalb, dem Leser hier noch einmal die konkreten Ziele der Arbeit in Erinnerung zu rufen. Die Zusammenfassung sollte zu einer Gesamtschau der Ergebnisse vorstoßen und darf sich nicht in einer bloßen Wiederholung von Teilergebnissen des Hauptteils der Arbeit erschöpfen. Vor allen Dingen muss vermieden werden, ganze Textpassagen aus den Hauptkapiteln wörtlich zu wiederholen. Andererseits darf sich das Schlusskapitel nicht auf Gemeinplätze beschränken, die für jede vergleichbare Untersuchung Gültigkeit hätten. Vielmehr muss versucht werden, herauszuarbeiten, welcher spezifische Forschungsbeitrag in der eigenen Arbeit geleistet wurde.

So genügt es z.B. nicht, im Schlusskapitel einer Untersuchung zum Erwerb der Nominalflexion in einer Sprache mit reichhaltiger Flexion wie z.B. dem Estnischen zu Feststellungen zu gelangen, die schlechthin für solche Sprachen gelten, wie z.b., dass die Entwicklung der Flexion früh einsetzt. Was hier interessiert, ist eine präzise Gesamtdarstellung der Entwicklung des reichhaltigen Kasussystems des Estnischen. Auf dieser Grundlage kann dann vielleicht ein theoretisches Modell, welches ein vorflexivisches Stadium des Erstspracherwerbs postuliert, relativiert werden. Weiterhin lässt sich mit Gewinn die Entwicklung im Estnischen mit derjenigen in anderen finno-ugrischen Sprachen wie dem Finnischen oder Ungarischen vergleichen, soweit entsprechende Untersuchungen vorliegen.

Im Schlusskapitel dürfen keine neuen theoretischen Aspekte vorgebracht werden, die im Hauptteil der Arbeit gar nicht untersucht wurden.

Schlecht: In der Sprache des hier untersuchten Kindes findet sich keine Evidenz für eine ‚lexikalische Explosion', welche der Emergenz morphologischer Muster vorangeht.

Besser: In der vorliegenden Arbeit konnte die Frage, ob der Emergenz morphologischer Muster eine sog. ‚lexikalische Explosion' vorangeht, nicht untersucht werden.

Weiterhin darf im Schlussteil der Arbeit keine Behauptung aufgestellt werden, die im Verlauf der Argumentation nicht berührt oder wenigstens vorbereitet wurde. Wenn z.B. die Rolle der Ikonizität von Flexionsmustern für den Flexionserwerb im Hauptteil der Arbeit nicht behandelt wurde, kann der Leser die in dem folgenden „schlechten" Beispiel aufgestellte Behauptung nicht nachvollziehen.

Schlecht: Die feminine *e*-Klasse der kroatischen Deklinationsmuster beinhaltet den höchsten Grad an Ikonizität.

Besser: Wie in Kapitel (3) gezeigt wurde, beinhaltet die feminine *e*-Klasse der kroatischen Deklinationsmuster den höchsten Grad an Ikonizität.

Schließlich muss der durch die notwendigerweise begrenzte Analyse geleistete Forschungsbeitrag bescheiden beurteilt werden:

Schlecht: Die Analyse der Sprache eines griechischen Kindes im Alter zwischen 1;3 und 1;8 hat für die Beantwortung der zu Beginn der Arbeit gestellten Fragen ausreichende Evidenz geliefert.

Besser: Nach der Analyse der Sprache eines griechischen Kindes im Alter zwischen 1;3 und 1;8 lässt sich zur Problemstellung dieser Arbeit Folgendes beitragen: ...

Soweit dies nicht einem gesonderten Kapitel „**Diskussion der Ergebnisse**" vorbehalten ist, sollten im Schlusskapitel die eigenen Ergebnisse im Hinblick auf theoretische Fragestellungen diskutiert bzw. mit denjenigen anderer einschlägiger Arbeiten verglichen und gewertet werden, um zu erkennen, inwieweit sich die eigenen Ergebnisse verallgemeinern lassen. Hier einige Beispiele:

* In Arbeiten zum Erstspracherwerb lassen sich die eigenen Ergebnisse mit denen zum Erstspracherwerb verwandter oder typologisch ähnlicher (oder auch verschiedener) Sprachen vergleichen (s.o. über Estnisch).
* Untersuchungen des Zweitspracherwerbs einer Sprache kann man mit dem Erwerb dieser Sprache als Muttersprache vergleichen, falls entsprechende Untersuchungen vorliegen.
* Für die Entwicklung der Erzählkompetenz bilingualer Kinder bietet sich ein Vergleich mit der Entwicklung monolingualer Kinder in den beiden Sprachen an (z.B. ein Vergleich von bilingualen Deutsch und Marokkanisches Arabisch sprechenden Kindern mit einsprachigen deutschen und marokkanischen Kindern).

Bei solchen Vergleichen muss vermieden werden, den Forschungsstand betreffende Ausführungen aus dem einleitenden Teil der Arbeit im Schlusskapitel zu wiederholen oder die Ausführungen zum Forschungsstand gar im Hinblick auf die eigenen Ergebnisse zu erweitern. Letzteres wäre ein Zeichen für eine falsche Strukturierung der Arbeit.

In einer größeren Untersuchung wie z.B. einer Dissertation kann das Schlusskapitel neben einem Rückblick auf die Ergebnisse der eigenen Arbeit auch einen **Ausblick** auf weitere Fragestellungen und zukünftige Forschungsaufgaben enthalten.

5 Die Kunst des Zitierens

5.1 Quellenangabe und Plagiat

Da wissenschaftliches Arbeiten immer auf der geistigen Leistung anderer beruht[1] und größtenteils durch diese erst ermöglicht wird, gehört es zu den Pflichten der Verf. schriftlicher wissenschaftlicher Arbeiten, gleichgültig ob es sich dabei um im Rahmen der universitären Ausbildung anfallende, um Prüfungsarbeiten oder genuine Forschungsbeiträge handelt, sich mit den für ihre Themenstellung relevanten Forschungsansätzen und Ergebnissen anderer Forscher auseinanderzusetzen (s. Kap. 4.1). Dabei müssen die **Quellen**, auf welche sie sich in ihrer eigenen Arbeit stützen, angegeben werden. Dies geschieht, indem die benutzte Literatur einerseits im Literaturverzeichnis angegeben wird (s. Kap. 8) und die Quellennachweise außerdem in den laufenden Text integriert werden (s. Kap. 5.4).

Neben der **Literatur**, die linguistischen Fragestellungen gewidmet ist, gibt es in sprachwissenschaftlichen Arbeiten noch eine zweite Art von Quellen, nämlich die **Sprachdaten**, die in der Arbeit untersucht werden oder dem Beleg von Aussagen über die Struktur von Sprachen dienen. Insoweit es sich nicht um vom Verf. selbst erdachte Einzelbeispiele handelt, sondern prägnante Beispiele aus der Literatur zitiert werden, muss deren Quelle angegeben werden (s. Kap. 4.4 und 5.3). Auch muss klar werden, ob das analysierte Datencorpus vom Verf. erhoben wurde oder aus einer Datenbank stammt (s. Kap. 10.5).

Damit deutlich wird, auf welchen Daten und fremden Ergebnissen eine Arbeit beruht und welche neuen Resultate sie zeitigt, müssen die benutzten Quellen angegeben und aus ihnen übernommene Daten oder Fakten belegt werden. Die Offenlegung der Quellen ist ein wesentliches Gebot der **Redlichkeit wissenschaftlichen Arbeitens**. Höchstens in Beiträgen zum Feuilleton einer Zeitung oder anderen populärwissenschaftlichen Essays kann man es sich leisten, auf Vorarbeiten nicht explizit Bezug zu nehmen. In wissenschaftlichen Arbeiten und vor allem auch in Prüfungsarbeiten darf jedoch nicht der Eindruck erweckt werden, als wäre der Verf. der Erste, der sich mit

---

[1] Vgl. die Resolution des Deutschen Hochschulverbandes „Zur Sicherung guter wissenschaftlicher Praxis in der Gemeinschaft von Lehrenden und Lernenden" vom 17.07.2002. (<http://www.hochschulverband.de/presse/plagiate.pdf>).

dem gewählten Phänomenbereich oder Problemkreis beschäftigt. Ein solches Vorgehen wäre unredlich zu nennen. Während die Literaturangaben in Prüfungsarbeiten den Zweck erfüllen, zwischen den benutzten Quellen und der Eigenleistung des Kandidaten zu unterscheiden, dienen sie in genuinen Forschungsbeiträgen auch der theoretischen und empirischen Einordnung der Arbeit. Außerdem wird so dem Leser die Möglichkeit geboten, sich über die Lektüre der jeweiligen Untersuchung hinaus gezielt in der weiteren Literatur zu informieren.

Für den Leser einer wissenschaftlichen Abhandlung muss an jeder Stelle offenkundig sein, ob eigenes Gedankengut des Verfs. dargeboten oder fremdes referiert wird. Dies bleibt in den folgenden „schlechten" Beispielen im Unklaren. Hier müsste entweder durch entsprechende Literaturangaben deutlich gemacht werden, wer die angeführten Ansichten vertritt, oder es müsste explizit erwähnt werden, dass die entsprechenden Fragestellungen in der eigenen Arbeit thematisiert werden sollen.

Schlecht: Es ist hier wohl treffend zu sagen, dass der Text in zwei gegeneinander abgehobene Flächen zerfällt, von denen die eine ein quasi statisches Bild liefert, die andere aber agierende Personen, sich ändernde Situationen oder Sachverhalte präsentiert.

Besser: In Arbeiten zur narrativen Textstruktur wird zwischen Vorder- und Hintergrund unterschieden, wobei der Hintergrund als ein quasi statisches Bild angesehen wird, der Vordergrund jedoch agierende Personen, sich ändernde Situationen oder Sachverhalte präsentiert ([Literaturangaben]).

Schlecht: Es ist eine heute weit verbreitete Ansicht, dass Aymara und Quechua einer gemeinsamen Ursprache, dem Proto-Quechumaran, entstammen (Orr & Longacre 1968). Es gibt jedoch gute Gründe anzunehmen, dass die bestehenden Ähnlichkeiten eher auf Kontakt- und Sprachbundphänomene zurückzuführen sind.

Besser: (a) Es ist eine heute weit verbreitete Ansicht, dass Aymara und Quechua einer gemeinsamen Ursprache, dem Proto-Quechumaran, entstammen (Orr & Longacre 1968). Jedoch gibt es gute Gründe anzunehmen, dass die bestehenden Ähnlichkeiten auf Kontakt- und Sprachbundphänomene zurückzuführen sind ([Literaturangaben]).

(b) Es ist eine heute weit verbreitete Ansicht, dass Aymara und Quechua einer gemeinsamen Ursprache, dem Proto-Quechumaran, entstammen (Orr & Longacre 1968). Wie in der vorliegenden Arbeit gezeigt werden soll, gibt es jedoch gute Gründe anzunehmen, dass die bestehenden Ähnlichkeiten auf Kontakt- und Sprachbundphänomene zurückzuführen sind.

Schlecht: Im Deutschen gibt es wenige verbbildende Derivationsaffixe. Möglicherweise gehören *-ig-* und *-el-* zu dieser Klasse, obwohl strittig ist, ob es sich dabei tatsächlich um verbbildende Affixe handelt.

Besser: Im Deutschen gibt es wenige verbbildende Derivationsaffixe. Möglicherweise gehören *-ig-* und *-el-* zu dieser Klasse, obwohl strittig ist, ob es sich dabei tatsächlich um verbbildende Affixe handelt (vgl. Fleischer 1975: 320 mit Henzen: 1965: 223ff.).

Oft kann auch der Konjunktiv verdeutlichen, dass fremdes Gedankengut wiedergegeben wird. Allerdings sollte man diesen nur in sehr kurzen Textpassagen verwenden:

In älteren Arbeiten zur Stellung des französischen Adjektivs heißt es, dieses stehe vor dem Nomen, wenn die Verbindung von Adjektiv und Nomen als eine starke gedankliche Einheit empfunden werde (s. z.B. Grevisse 1964[8]: 331).

Wer seine Quellen nicht oder nur unvollständig angibt, begeht ein **Plagiat**. Darunter versteht man in der Wissenschaft den Diebstahl geistigen Eigentums, d.h. die vollständige oder teilweise Übernahme eines Werkes in unveränderter oder nur unwesentlich geänderter Fassung unter Vorgabe eigener Urheberschaft. Wie der Hochschulverband in seiner Resolution „Zur Sicherung guter wissenschaftlicher Praxis in der Gemeinschaft von Lehrenden und Lernenden" vom 17.07.2002 feststellt, ist das Plagiat kein Kavaliersdelikt (s. Fn. 1). Vielmehr erfüllt es den Tatbestand der Verletzung des Urheberrechts, insofern es sich dabei um einen Verstoß gegen die Pflicht der Quellenangabe nach §63 UrhG bzw. gegen die Grundsätze wissenschaftlicher Redlichkeit handelt.[2] Es versteht sich von selbst, dass das Pla-

---

[2]   Siehe <http://www.payer.de/wissarbeit/wissarb07.htm#2> oder <http://dejure.org/gesetze/UrhG/63.html>, <http://dejure.org/gesetze/UrhG/51.html>.

giat in allen wissenschaftlichen Arbeiten, ganz besonders natürlich in
Prüfungsarbeiten, Dissertationen und Habilitationsschriften, ernst-
hafte Konsequenzen haben kann.[3]

Während es allgemein bekannt sein dürfte, dass im Druck erschienene, mündlich vorgetragene oder im Fernsehen und Rundfunk über-
mittelte Quellen (§51, Nr. 2 UrhG) anzugeben sind, scheint das Bewusstsein der Redlichkeit bei aus dem Internet stammenden Quellen
weniger ausgeprägt zu sein. Wir machen deshalb ausdrücklich darauf
aufmerksam, dass das Gebot der Quellenangabe prinzipiell alle Quellen einschließt, die für eine wissenschaftliche Arbeit benutzt worden
sind, also auch im Internet zugängliche.[4]

Um Unklarheiten darüber, ob fremdes oder eigenes Gedankengut
präsentiert wird, und den Verdacht des Plagiats auszuräumen, ist es
in der Sprachwissenschaft und vielen anderen wissenschaftlichen
Disziplinen üblich geworden, die Quellen nicht lediglich im Literaturverzeichnis, sondern an Ort und Stelle im Text anzugeben. Dies
gilt nicht nur für wörtlich zitierte Textstellen (und deren eigene Übersetzung), sondern auch für dem Sinne nach übernommene sowie für
Sprachbeispiele, Tabellen und Abbildungen. Für die Publikation von
fremden Tabellen und Abbildungen ist i.a. die schriftliche Genehmi-
gung des Urhebers oder des Inhabers des Nutzungsrechts (Verlag) an
dem Werk, aus welchem sie entlehnt wurden, einzuholen.

5.2 Quellen zitieren und referieren

Eine Schwierigkeit im Umgang mit der Literatur besteht darin aus-
zuwählen, was im Zusammenhang mit der eigenen Themenstellung

---

[3]   Nach § 92, Abs. 7 NRW HG handelt ordnungswidrig, „wer vorsätzlich 1.
      gegen eine die Täuschung über Prüfungsleistungen betreffende Regelung
      einer Hochschulprüfungsordnung oder 2. gegen eine entsprechende Re-
      gelung einer staatlichen Prüfungsordnung verstößt." Eine solche Ord-
      nungswidrigkeit kann mit einer hohen Geldbuße oder der Exmatrikulati-
      on des Prüflings geahndet werden. Vgl. <http://www.business-podium.
      com/boards/landeshochschulgesetze/252-hochschulgesetz-nordrhein-
      westfalen-nrw-hg.html> bzw. für alle deutschen Landeshochschulgesetze
      <http://www.hof.uni-halle.de/steuerung/lhg_uebersicht/uebersicht.
      htm>.
[4]   Lesens- und beherzigenswerte Ausführungen zum unbeabsichtigten und be-
      absichtigten Plagiat und den möglichen gravierenden Konsequenzen beider
      finden sich in Standop & Meyer (2008: 253-254). S. auch Kap. 9.8.

relevant ist. Anders als in Lehrbüchern verzichtet man in wissenschaftlichen Untersuchungen auf einen allgemeinen Literaturüberblick und beschränkt sich auf diejenigen Werke, auf denen die eigene Arbeit tatsächlich aufbaut. Werke, die sich für die eigene Fragestellung als nicht fruchtbar erweisen und mit denen man sich deshalb nicht auseinandersetzt, bleiben unerwähnt (s. Kap. 4.1).

Die berücksichtigten Forschungsbeiträge werden in der eigenen Arbeit nie um ihrer selbst willen referiert, sondern es werden immer nur die im Zusammenhang mit der eigenen Themenstellung relevanten Aspekte derselben herausgestellt (s. Kap. 4.1). Um das fremde Gedankengut in die eigene Darlegung zu integrieren, ist es i.a. vorzuziehen, dieses **dem Sinne nach wiederzugeben**, also zusammenfassend darüber zu berichten, anstatt es wörtlich zu zitieren. So lassen sich die in der Literatur vertretenen theoretischen Standpunkte, angewandten Methoden und Forschungsergebnisse nicht nur charakterisieren, sondern zusätzlich kommentieren, was den Vorteil hat, dass der Leser gewertete Informationen erhält. Einen lediglich zitierten Text könnte er ja schließlich auch unmittelbar in der Quelle im Zusammenhang lesen. Wörtlich zitieren wird man jedoch, wenn der Wortlaut der Quelle wesentlich ist (s.u.). Bevor man sich also dazu entscheidet, eine längere Textstelle zu zitieren, sollte man sich vergegenwärtigen, dass Leser, die sich mit den Ansichten des betreffenden Autors auseinandersetzen möchten, diesen im Original lesen werden. Was hingegen im Zusammenhang mit der eigenen Darlegung interessiert, ist vor allem das Fazit, das der Verf. dem Leser aufgrund der Auseinandersetzung mit der Literatur anzubieten hat.

In folgenden Fällen hat **das wörtliche Zitat** aber seine Berechtigung, so

* wenn es sich um eine prägnante Formulierung eines Gedankens, vielleicht in der Arbeit eines berühmten Wissenschaftlers, handelt, und man durch die Autorität des Zitats die eigene Meinung absichert,
* wenn eine bestimmte Textstelle erläutert oder kritisch gewertet werden soll,
* wenn für die eigene Arbeit zentrale Begriffsdefinitionen (z.B. ‚Miniparadigma‘) gegeben werden.

Normalerweise zitiert man Textstellen, welche die eigene Meinung stützen. Wenn der Verf. jedoch die im Zitat zum Ausdruck kommende Auffassung eines Autors nicht teilt, muss er dies deutlich machen.

Bei der Entscheidung, eine Textstelle zu zitieren oder aber sinngemäß wiederzugeben, spielt die **Lesbarkeit des resultierenden Textes** eine entscheidende Rolle, denn die in die eigene Arbeit aufgenommene Literatur muss zu einem neuen Ganzen, einem eigenständigen Diskurs verarbeitet werden. Häufige Zitate anstelle eigener Ausführungen behindern den Textfluss, wenn dies zu einer Art „Flickenteppich" aus Textfetzen fremder Werke führt. In einem solchen Falle scheint ein Verf. ängstlich darum bemüht zu sein, die benutzten Texte authentisch wiederzugeben, anstatt mit den geistig durchdrungenen Inhalten des Gelesenen souverän umzugehen und diese sinngemäß wiederzugeben.

Während man **berühmte Autoren** wie Saussure, Jakobson oder Chomsky durchaus einmal wörtlich zitieren kann, wenn sie Erkenntnisse treffend formulieren, sollte man dies bei weniger prägnanten Formulierungen nicht unnötig tun. So muss im folgenden Beispiel der Text von Prillwitz et al. nicht wörtlich zitiert werden, da die genaue Formulierung der Autoren hier keine Rolle spielt.

Schlecht: In der frühen Forschung zu Gebärdensprachen stellte sich die Frage, ob diese vollgültige Sprachen oder eher pantomimische Kommunikationssysteme seien. „Vor dem Hintergrund der neueren sprachwissenschaftlichen Forschungen kann ... nicht mehr behauptet werden, ... dass die Gebärdensprache Gehörloser eine minderwertige Sprache ohne Grammatik sei" (Prillwitz et al. 1985: 91).

Besser: In der frühen Forschung zu Gebärdensprachen stellte sich die Frage, ob diese vollgültige Sprachen oder eher pantomimische Kommunikationssysteme seien. Anhand ihrer Untersuchung der Deutschen Gebärdensprache beantworten Prillwitz et al. (1985) diese Frage eindeutig zugunsten der ersten Alternative, indem sie zeigen, dass die DGS eine Grammatik besitzt.

Ganz abwegig wäre es, eine bestimmte Textstelle sinngemäß zu referieren und zusätzlich wörtlich zu zitieren, da dies zu einer inhaltlichen Wiederholung führt.

Schlecht: Toulmin (1979: 405) führt aus, dass die besonderen Fähigkeiten, die Chomsky dem Kind zuschreibt, nach Piaget offenbar viel zu spezifisch sind, um wahrscheinlich zu sein: „les capacités particulières que Chomsky attribue à l'enfant

> sont apparemment *beaucoup trop* spécifiques pour être vrai-
> semblables".
>
> *Besser:*   Wie Toulmin (1979: 405) ausführt, hält Piaget die besonderen
> Fähigkeiten, die Chomsky dem Kind zuschreibt, für viel zu
> spezifisch, um wahrscheinlich zu sein.

Um Zitate gedanklich in die eigene Darlegung einzubetten, ist es empfehlenswert, diese zu kommentieren.

> Wie Toulmin (1979: 405) ausführt, vertritt Piaget die Ansicht, dass „die
> speziellen Fähigkeiten, die Chomsky dem Kind zuschreibt, offenbar *viel
> zu* spezifisch sind, um wahrscheinlich zu sein" (Übers. aus dem Franz.
> v. Verf.). Piagets Ansicht ist auch heute noch in der nicht-nativistischen
> Spracherwerbsforschung weit verbreitet (s. Karmiloff & Karmiloff-Smith
> 2001; Tomasello 2003).

5.3 Das Zitat

In **wörtlichen Zitaten** wird der zitierte Text buchstabengetreu wiedergegeben. Der im Wortlaut angeführte Text muss dabei der Vorlage peinlich genau entsprechen. Das schließt Orthographie und Zeichensetzung ein und geht sogar so weit, dass offensichtliche Fehler nicht korrigiert werden dürfen. Man markiert sie jedoch durch „[sic]" ‚(tatsächlich) so', damit der Leser sicher sein kann, dass der Wortlaut genau übernommen wurde.

Ganz wichtig ist es, bei der Auswahl und der Herauslösung eines Textauszugs aus seinem Kontext und seiner Einfügung in den Zusammenhang der eigenen Darlegung dafür Sorge zu tragen, dass der **Sinn des zitierten Texts** nicht verändert oder gar verfälscht wird. Sonst wäre das Zitat zwar formal korrekt, aber inhaltlich irreführend.

Folgende **formale Vorschriften** sind zu beachten:

- Kurze Zitate stehen im laufenden Text in doppelten Anführungszeichen. Ungeachtet des Satzzeichens im zitierten Text, wird ans Ende des Zitats dasjenige Satzzeichen gesetzt, welches der eigene Text verlangt. Die das Zitat beendenden Anführungszeichen stehen am Satzende hinter dem Punkt, innerhalb eines Satzes aber vor dem ggf. erforderlichen Komma.
- Zitate, die länger sind als drei Zeilen, werden vom laufenden Text abgesetzt; sie werden eingerückt und engzeilig geschrieben, aber

nicht in Anführungszeichen gesetzt. Es ist ferner zulässig, für eingerückte längere Zitate eine kleinere Schrift zu benutzen (z.B. 10 Punkt statt 12 Punkt).

- Bei in doppelte Anführungszeichen gesetzten Zitaten stehen Zitate im Zitat in einfachen Anführungszeichen. Wenn Zitate vom Text abgesetzt sind, stehen Zitate im Zitat wie im Originaltext in doppelten Anführungszeichen.
- Autor, Publikationsjahr und die genauen Seitenzahlen werden i.a. unmittelbar hinter dem Zitat in Klammern in Kurzzitierweise angegeben (s. Kap. 5.4).
- Auslassungen werden durch drei Punkte markiert, die in eckige Klammern gesetzt werden können, um anzuzeigen, dass die Auslassungen nicht Teil des Originaltexts sind. Auslassungen innerhalb des Satzes und am Satzende sehen folgendermaßen aus: „Text [...] Text." bzw. „Text [...]." (oder „Text ... Text." bzw. „Text ...").
- Einfügungen, wie z.B. die Ergänzung grammatisch notwendiger Elemente, stehen in eckigen Klammern. Erläuterungen werden mit dem Zusatz ‚[Anm. d. Verfs.]' gekennzeichnet.
- Eigene Hervorhebungen innerhalb des Zitats, etwa durch Unterstreichen, Sperrung oder Kursivschrift, werden direkt hinter der hervorgehobenen Stelle oder am Ende des Zitats durch ‚[Hervorhebung d. Verfs.]' oder ‚[meine Hervorhebung]' kenntlich gemacht. Bei Hervorhebungen des zitierten Autors sollte durch den Zusatz ‚[Hervorhebung im Original]' (am Ende des Zitats) darauf hingewiesen werden, dass diese vom ihm und nicht vom Verf. stammen.
- Wenn eine Quelle in eigener Übersetzung zitiert wird, muss dies angegeben werden (z.B. ‚[Übers. d. Verfs.]'). Wörtlich übersetzter Text muss wie im Original zitierter durch Anführungszeichen oder Kursivschrift als Zitat kenntlich gemacht werden. Da sich auch in der Sprachwissenschaft das Englische als internationale Wissenschaftssprache durchgesetzt hat, erübrigt sich i.a. die Übersetzung englischer Zitate. Welche anderen Sprachen übersetzt werden, richtet sich nach dem einzelnen Fachgebiet (z.B. Romanistik, Nordistik) und den vermutlichen Sprachkenntnissen der entsprechenden Leserschaft.

Wie in der Duden-Grammatik (1995: 122) erläutert, kommt es daher, dass „viele ‚starke' Verben entweder schon ‚schwach' konjugiert oder wenig bzw. gar nicht mehr gebraucht werden und dadurch aussterben."

„Viele ‚starke' Verben [werden] entweder schon ‚schwach' konjugiert
oder wenig bzw. gar nicht mehr gebraucht [...]" (Duden-Grammatik
1995: 122).

Das Adjektiv steht <u>vor</u> dem Nomen, wenn die Verbindung <u>Adjektiv</u> +
<u>Nomen</u>, außer in festen syntaktischen Wendungen, sehr stark als eine
gedankliche Einheit empfunden wird [...]. Wenn jedoch die Verbindung
von Nomen und Adjektiv nicht als eine einzige gedankliche Einheit
empfunden wird [...], setzt man das Adjektiv <u>hinter</u> das Nomen [...]
(Grevisse 1964: 331) [Übers. d. Verfs.].

Falls publizierte **Übersetzungen** von Werken vorliegen, die man
nicht im Original zitieren will oder kann, sollte man diese i.a. einer
selbst gefertigten vorziehen. Bei berühmten antiken Autoren wie z.B.
Platon ist unbedingt auf eine deutsche Übersetzung zurückzugreifen.
Solche Texte in einer englischen Übersetzung zu zitieren, die sich
vielleicht in der englischsprachigen Sekundärliteratur findet, wirkt
gekünstelt.

Wie oben erwähnt, muss ganz besonders darauf geachtet werden,
dass der Umfang des Zitats nicht zu einer **Sinnentstellung** des zitierten Texts führt. Vergleicht man das folgende vollständige Zitat von
Grevisse (1964) mit dem oben in Auszügen wiedergegebenen, so
stellt man fest, dass die Auslassungen hier unzulässig sind, weil sie
die formalen Kriterien für die Stellung des attributiven Adjektivs im
Französischen, die den kognitiven entsprechen, verschweigen, sodass
die Aussagen von Grevisse weniger konkret fassbar scheinen, als sie
in Wirklichkeit sind. Außerdem ist der Hinweis auf mögliche Ausnahmen am Schluss des vollständigen Zitats für das Verständnis der
Stellung des Adjektivs wichtig.

Das Adjektiv steht <u>vor</u> dem Nomen, wenn die Verbindung <u>Adjektiv</u> +
<u>Nomen</u>, außer in festen syntaktischen Wendungen, sehr stark als eine
gedankliche Einheit empfunden wird: dann liegt ein einziger dyna-
mischer Akzent vor. Wenn jedoch die Verbindung von Nomen und
Adjektiv nicht als eine einzige gedankliche Einheit empfunden wird und
jedes seiner Wörter einen dynamischen Akzent trägt, setzt man das
Adjektiv <u>hinter</u> das Nomen; es kann ihm jedoch vorangehen, wenn es
große affektive Kraft besitzt (Grevisse 1964: 331). [Übers. d. Verfs.].

Da nur ein im Zusammenhang mit der eigenen Darlegung relevanter
Textteil zitiert wird, also meist keine ganzen Passagen und oft auch
keine vollständigen Sätze, muss der zitierte Textausschnitt häufig

dem Text, in welchen er übernommen wird, sprachlich angepasst werden. Dies kann entweder durch **Hinzufügungen** oder **Auslassungen** geschehen. Beides muss, wie oben angegeben, kenntlich gemacht werden.

Es ist unbedingt zu vermeiden, anstelle selbstständiger Formulierungen fremde Textteile sozusagen als „Versatzstücke" in die eigene Darlegung einzusetzen. Bei der häufigen Anwendung eines solchen Verfahrens entsteht kein eigenständiger Text, sondern ein aus den Äußerungen diverser Wissenschaftler zusammengesetztes Puzzle, das sich wie der Inhalt eines vor dem Leser ausgekippten und notdürftig zu einem fortlaufenden Text verknüpften Zettelkastens liest. Da immer nur auszugsweise zitiert werden kann, lässt sich durch ein solch **zügelloses Zitieren** noch nicht einmal die intendierte Authentizität der Wiedergabe der Quellen garantieren. Es ist deshalb wichtig, sparsam zu zitieren (s.o. Kap. 5.2).

Außerdem müssen Zitate im eigenen Text eingeführt werden. Anstatt wie im folgenden „schlechten" Beispiel ein nicht eingeführtes Zitat anstelle eines eigenen Satzes zu verwenden, referiert man hier besser die von Mills vertretene Ansicht.

> *Schlecht:*   In jeder Sprache haben wir es mit Kontinua sprachlicher Varietäten zu tun. „Standard High German [...] is in fact an abstraction" (Mills 1985: 142).
>
> *Besser:*   In jeder Sprachgemeinschaft gibt es verschiedene, nicht scharf von einander abgegrenzte sprachliche Varietäten geographischer oder sozialer Natur. So ist z.B., wie Mills (1985: 142) zu Recht betont, der Begriff ‚Standardhochdeutsch' eigentlich eine Abstraktion.

Besonders störend ist es, fremdsprachliche Zitate so in deutsche Sätze einzufügen, dass dies zu **grammatischen Kollisionen** führt. Stilistisch verheerend ist z.B. die Einfügung englischer Textstücke in deutsche Satzgefüge, wenn die deutsche Wortstellung von der englischen abweicht. Will man hier unbedingt wörtlich zitieren, muss das Zitat in einem neuen Satz stehen.

> *Schlecht:*   In jeder Sprachgemeinschaft gibt es verschiedene, nicht scharf von einander abgegrenzte sprachliche Varietäten geographischer oder sozialer Natur. In diesem Zusammenhang betont Mills (1985: 142) zu Recht, dass „Standard High German [...] is in fact an abstraction."

Besser:	... In diesem Zusammenhang betont Mills (1985: 142) zu Recht: „Standard High German [...] is in fact an abstraction."

Zwar muss auch die Quelle von aus der Literatur übernommenen **Sprachbeispielen** angegeben werden, jedoch wirkt es pedantisch, Allerweltsbeispiele wie *book, books* zu zitieren. Um die Ikonizität der englischen Pluralbildung zu belegen, würde man hier am besten ein anderes Beispiel wählen als Anderson (z.B. *dog, dogs*).

Schlecht:	*book, book-s* (Anderson 1998: 240)
Korrekt:	Bei der kindlichen griechischen Form *mamús* statt *maimú* ‚Affe' (Stephany 1997: 223) liegt die Übertragung eines femininen Nomens in die Klasse der Maskulina vor.

Es empfiehlt sich, Zitate unmittelbar zu überprüfen, denn bei einer späteren Korrektur müssen die zitierten Stellen erneut herausgesucht werden, was zusätzliche Zeit kostet.[5]

5.4 Kurzzitierweise

Innerhalb der eigenen Arbeit werden die Fundorte von Zitaten oder dem Sinne nach übernommenen Textstellen in Kurzzitierweise, d.h. mit **Kurzbeleg**, angegeben, während die vollständigen bibliographischen Quellen im der Arbeit angehängten Literaturverzeichnis aufgeführt werden. Nicht sinnvoll ist es, die vollständigen Quellen in Anmerkungen anzugeben und im Literaturverzeichnis, das heute Teil jeder sprachwissenschaftlichen Arbeit ist, zu wiederholen. Zudem würde so der Anmerkungsteil der Arbeit unnötig aufgebläht. Um dem Verdacht des Plagiats auszuweichen, ist es heute nicht nur in der Sprachwissenschaft üblich, die Quellen nicht nur bei wörtlichen Zitaten, sondern generell bei der Übernahme von fremdem Gedankengut oder fremden Methoden an Ort und Stelle anzugeben (s.o. Kap. 5.1). Dies geschieht mit Hilfe des Kurzbelegs.

In sprachwissenschaftlichen Arbeiten enthalten Kurzbelege in der sog. Harvard-Notation die folgenden Angaben:

---

[5]   Für weitere Hinweise sowie Übungen zum Zitieren s. Grießhaber (2003-2005), <http://spzwww.uni-muenster.de/%7Egriesha/eps/zit/index.html>.

- Name/n des/der Verfasser/s bzw. Herausgeber/s
- Publikationsjahr der benutzten Ausgabe (evtl. nebst ursprünglichem Erscheinungsjahr)
- Seitenangabe
- Bei mehrbändigen, in einem Jahr erschienenen Werken ist zur eindeutigen Identifizierung der Quelle die Angabe des Bandes nötig.

(Brown 1973: 390)
(Saussure [1916] 1970: 43)
Platon (zit. nach Loewenthal (ed.) 1982, Bd. II, 543)
(Slobin (ed.) 1985, Bd. 2)

Weitere Hinweise:
- Autoren und Herausgeber werden in Kurzbelegen lediglich mit dem Nachnamen zitiert; den Vornamen setzt man nur hinzu, wenn zwei der zitierten Autoren denselben Nachnamen tragen.
- Zwei oder drei Autoren/Herausgeber nennt man vollständig; bei mehr als drei Autoren fügt man dem Namen des ersten den Zusatz ‚et al.‘ (für *et alii* ‚und andere‘[6]) bei. Keinesfalls dürfen Koautoren als „Mitarbeiter" bezeichnet werden (z.B. ‚Laaha et al. (2006)‘ und nicht ‚Laaha und Mitarbeiter (2006)‘). Im Literaturverzeichnis sollten immer alle Autoren vollständig angeführt werden, die Angabe ‚et al.‘ ist hier also zu vermeiden.
- Bei mehreren Publikationen eines Autors in einem Jahr unterscheidet man diese mithilfe von Buchstaben.

Bittner, Dressler & Kilani-Schoch (eds.) (2003)
Laaha et al. (2006)
Lehmann (1982a, 1982b)

Bei älteren Werken ist die Angabe des **ursprünglichen Erscheinungsjahres** nötig, damit der Leser sie historisch einordnen kann. Zusätzlich zum ursprünglichen Erscheinungsjahr muss dasjenige der benutzten Auflage angegeben werden, weil die Seitenzahlen verschiedener Auflagen oft nicht übereinstimmen.

Bei wörtlichen Zitaten ist die genaue Angabe der **Seiten**, auf denen sich der zitierte Text befindet, unerlässlich. Aber auch bei dem Sinne nach wiedergegebenem Text ist es neben der gesetzlichen Verpflich-

---

6   Hinter *et* steht kein Punkt, da es ein vollständiges lat. Wort ist.

tung zur Quellenangabe (§ 63 UrhG) nicht zuletzt leserfreundlicher, die genauen Seitenzahlen der herangezogenen Textstelle anzugeben, damit der interessierte Leser bei Bedarf die betreffende Stelle in der Quelle ohne erhebliche Sucharbeit auffinden kann. Dies gilt natürlich ganz besonders beim Verweis auf längere Arbeiten wie z.B. Monographien. Die genaue Seitenangabe bereitet zudem kaum zusätzliche Mühe, weil dem Verf. der Arbeit die betreffenden Seitenzahlen ja bekannt sind (bzw. sein sollten). In einer Prüfungsarbeit könnte sich sonst zudem der Verdacht einschleichen, dass der Verf. die entsprechenden Stellen in den Werken nicht selbst ausgewertet, sondern einfach aus der Literatur übernommen hat (s.u.).

Bezieht man sich jedoch auf ganze Bücher, Zeitschriftenaufsätze oder Beiträge zu Sammelwerken, wird auf Seitenangaben verzichtet. Auch bei Zitaten aus unveröffentlichten Manuskripten (z.B. Vortragsmanuskripte, unveröffentlichte Dissertationen) macht man keine Seitenangaben. Im folgenden Beispiel handelt es sich bei Chomsky (1959) um einen Zeitschriftenaufsatz und bei Skinner (1957) um eine Monographie.

> Wie Chomsky (1959) in seiner Rezension von Skinner (1957) zeigt, kann eine rein behavioristische psychologische Erklärung der Sprache nicht gerecht werden.

Benutzt man den Namen eines Autors im fortlaufenden Text der Darlegung und verweist zugleich auf sein Werk, setzt man Publikationsjahr und ggf. Seitenzahl der benutzten Arbeit in Klammern unmittelbar hinter den Nachnamen des Autors.

> *Schlecht:* Ann E. Mills führt in ihren Ausführungen zum Spracherwerb des Deutschen an, dass bei Kindern in diesem Alter häufig das Auxiliar *haben* im Perfekt und Plusquamperfekt übergeneralisiert wird (vgl. Mills 1985: 157).
>
> *Besser:* Mills (1985: 157) führt an, dass deutschsprachige Kinder dieses Alters im Perfekt und Plusquamperfekt häufig das Auxiliar *haben* übergeneralisieren.

Es ist heutzutage nicht mehr empfehlenswert, bei der zweiten und folgenden Erwähnung einer Quelle „**ebd.**", „**ib.**"/„**ibid.**" (‚ebenda', ‚an derselben Stelle'), „**loc.cit.**" oder „**a.a.O.**" zu verwenden, außer wenn die genaue Angabe unmittelbar im Blickfeld liegt. Ansonsten können solche unpräzisen und unvollständigen Angaben leicht zu

Unklarheiten führen. Außerdem zwingen sie den Leser dazu, die voraufgehenden Seiten nach der genauen Angabe abzusuchen. Es ist also besser, die vollständige Kurzzitierweise zu wiederholen, selbst wenn dies stereotyp klingen kann.

Die Kennzeichnungen „**f.**" und „**ff.**" (‚folgende Seite/n‘) sind wegen der Ungenauigkeit der letzteren ebenfalls zu vermeiden und durch die genauen Seitenangaben zu ersetzen, so wie dies von einigen Verlagen heute gefordert wird (z.b. ‚Slobin 1973: 180-181‘, ‚Slobin 1973: 180-190‘).

Quellenangaben in Kurzzitierweise sind entweder Teil des Satzes wie im obigen Beispiel oder sie stehen in Klammern am Satzende (z.B. ‚(vgl. auch Slobin 1973: 180)‘). In den Text integriert, hat der Leser sie unmittelbar vor Augen und sie sind so leichter greifbar, als wenn sie in Fußnoten gestellt würden. Allerdings kann der Verweis auf eine größere Menge von Literatur an einer einzigen Stelle den Textfluss stören. In solchen Fällen ist die Auslagerung in eine Fußnote vorzuziehen.

Die Reihenfolge, in welcher Verweise auf **mehrere Literaturangaben** angeordnet werden, sollte nicht willkürlich sein. Die Werke können entweder nach ihrer Relevanz für den jeweiligen Zusammenhang geordnet werden oder auch chronologisch (z.B. Literatur zur Deutschen Gebärdensprache: „Prillwitz et al. 1985; Boyes Braem 1995; Becker 1997, 1998; Erlenkamp 1998; Heßmann 2003"). Dabei kann die chronologische Anordnung dem informierten Leser zugleich eine theoretische Einordnung der genannten Arbeiten erlauben.

Prinzipiell müssen alle in der eigenen Arbeit in Kurzzitierweise enthaltenen Arbeiten ins **Literaturverzeichnis** aufgenommen werden, also auch solche, die in zitiertem oder referiertem Text vorkommen und vom Verf. nicht selbst benutzt worden sind. Der Verf. muss in jedem Fall klar machen, ob die angeführte Quelle unmittelbar herangezogen wurde oder nicht. Im folgenden Beispiel wäre es unzulässig vorzugeben, die Arbeit von Langacker (1987) selbst benutzt zu haben, wenn man in Wirklichkeit nur bei Bybee (2001) über Langacker (1987) nachgelesen hat. Die ausführliche Literaturangabe zu Langacker (1987) wird dem Literaturverzeichnis von Bybee (2001) entnommen und muss ggf. dem Format des eigenen Literaturverzeichnisses angepasst werden.

Falsch: Langacker (1987) führt aus, dass es keine Trennung zwischen ‚Regel‘ und ‚Liste‘ gibt, weil auf der Grundlage von Formen entstandene Generalisierungen nicht von der ge-

speicherten Repräsentation von Formen getrennt sind, sondern unmittelbar aus diesen emergieren.

Richtig: Bybee (2001: 7) führt in Anlehnung an Langacker (1987) aus,
dass es keine Trennung zwischen ‚Regel' und ‚Liste' gibt,
weil auf der Grundlage von Formen entstandene Generalisierungen nicht von der gespeicherten Repräsentation von
Formen getrennt sind, sondern unmittelbar aus diesen emergieren.

6 Textstruktur und Argumentationsgang

Sprachwissenschaftliche Arbeiten richten sich an entsprechend vorgebildete Leser. Als wissenschaftliche Leser sind sie wissbegierig, d.h. an der Gewinnung von für ihr jeweiliges Interessensgebiet relevanten Informationen interessiert. Somit erwarten sie eine souveräne Darstellung der in einem gegebenen Untersuchungszusammenhang wesentlichen Aspekte eines Phänomenbereichs. Um solche Leser nicht mit Selbstverständlichkeiten zu langweilen, stellt man linguistisches Allgemeinwissen allenfalls in geraffter Form dar.

Wenn man auch noch so sehr mit der Erstellung der eigenen Arbeit zu kämpfen hat, darf man nie vergessen, dass man nicht eigentlich für sich selbst, sondern für ein Publikum schreibt. Daraus folgt dreierlei:

- Die Arbeit muss gut gegliedert sein.
- Sie muss sich durch eine leserfreundliche Darbietung der Inhalte und eine gute Führung des Lesers durch den Text auszeichnen.
- Der Argumentationsgang muss klar und für den Leser gut nachvollziehbar sein.

6.1 Gliederung der Arbeit

Wissenschaftliche Arbeiten müssen einem Plan folgen und ihre Struktur muss bis ins Detail ausgearbeitet werden (s. Kap. 2.3). Hierzu erstellt man eine Gliederung, die eine **Gesamtkonzeption** der geplanten Arbeit erfordert. Da die Planung der Arbeit ein langwieriger Prozeß ist, wird man die Gliederung im Laufe der Arbeit mehrmals umarbeiten. Dennoch ist es unbedingt nötig, eine wenn auch vorläufige Gliederung der gesamten Arbeit zu erstellen, bevor einzelne Kapitel der Arbeit ausgearbeitet werden. Ohne ein gegliedertes Gesamtkonzept lässt sich nämlich der Inhalt der einzelnen Kapitel nicht auf die allgemeine Zielsetzung der Arbeit ausrichten. Der Gliederung kommt also, vor allem bei längeren Arbeiten, eine große Bedeutung zu.

Dass die erste Fassung der **Gliederung** kaum jemals endgültig ist, hängt damit zusammen, dass sich manch zu behandelnder Gesichtspunkt und gewisse Zusammenhänge erst im Laufe der tatsächlichen Ausarbeitung ergeben. Es wäre jedoch falsch, hieraus den Schluss zu ziehen, erst einmal mit dem Schreiben zu beginnen und die Erstellung der Gliederung auf einen späteren Zeitpunkt zu verschieben. So würde man kaum die für eine wissenschaftliche Abhandlung erforderliche Ordnung der Gedanken und Folgerichtigkeit der Argumentation erreichen können. Außerdem fällt eine Neufassung der Gliederung leichter, wenn man einen Ausgangspunkt hat (Eco 2007: 140). Die endgültige Form der Gliederung geht schließlich ins Inhaltsverzeichnis der Arbeit ein (s. Kap. 6.4).

Die Gliederung einer wissenschaftlichen Arbeit in **Kapitel** und Unterkapitel sowie innerhalb derselben in Absätze dient dazu, den Text überschaubar zu machen. Auf eine Gliederung in **Teile** (Einleitungsteil, Hauptteil, Schlussteil) wird man bei kürzeren Arbeiten wie Seminararbeiten, Bachelor- und Masterarbeiten normalerweise verzichten. Diese Art der Gliederung kann jedoch bei umfangreichen Arbeiten wie Habilitationsschriften oder auch Dissertationen angemessen sein.

So wie für die ganze Arbeit ein Gesamtkonzept entworfen werden muss, müssen auch die einzelnen Kapitel und Unterkapitel möglichst genau geplant werden. Hier greifen jedoch Planung und Analysearbeit bzw. Ausarbeitung des Textes stärker ineinander, weil sich z.B. bei empirischen Arbeiten die genaue Gliederung teilweise nach den Ergebnissen der Datenanalyse richtet.

Die Gliederung der Arbeit muss ausgewogen sein. Die **Einleitung** darf im Verhältnis zum Hauptteil nicht zu kurz, vor allem aber nicht zu lang sein. Beansprucht sie z.B. zwei Drittel des Gesamtumfangs einer Arbeit, so könnte der Grund darin liegen, dass der Verf. die Einleitung als Überblick über das Forschungsgebiet und seine Geschichte missverstanden hat. Je nachdem, ob in der Einleitung außer den Zielen und einem Überblick über die Arbeit der Forschungsstand dargestellt wird und diese eine Auseinandersetzung mit theoretischen Beschreibungsansätzen oder Analysemethoden enthält, wird sie mehr oder weniger umfänglich und ggf. in Unterkapitel gegliedert sein (s. Kap. 6.4). Aber auch vom Seitenumfang her muss das Schwergewicht der Arbeit immer auf ihrem **Hauptteil** liegen. Das **Schlusskapitel** wird ebenfalls in seiner Länge variieren, je nachdem, ob es lediglich eine Zusammenfassung der eigenen Ergebnisse enthält oder diese außerdem mit anderen Untersuchungen verglichen werden und vielleicht zusätzlich ein Ausblick auf offene Fragestellungen und Probleme geboten wird.

Die Auszählung einiger sprachwissenschaftlicher Magisterarbeiten, Staatsarbeiten, Dissertationen, Habilitationsschriften und längerer Beiträge zu Sammelwerken hat die in Tabelle 6.1 aufgeführten Durchschnittswerte ergeben.[1] Diese zeigen, dass der Hauptteil mehr als drei Viertel des Umfangs der Arbeit ausmacht und Einleitung und Schluss sich in die restlichen Seiten teilen, wobei die Einleitung meist etwas länger ist als der Schluss.

Gliederung	Umfang (%)		Seitenzahlen
	durchschnittl.	min. – max.	min. – max.
Einleitung	10%	2% – 17%	1 – 25
Hauptteil	83%	77% – 93%	41 – 186
Schlusskapitel	7%	3% – 13%	2 – 31

Tabelle 6.1 Quantitativer Anteil von Einleitung, Hauptteil und Schluss in sprachwissenschaftlichen Arbeiten

Der Hauptteil der Arbeit sollte in möglichst gleichmäßig strukturierte **Kapitel** unterteilt sein. Dabei ist es wegen der Übersichtlichkeit besser, mehr eingliedrige Unterteilungen vorzunehmen als wenige mehrgliedrige, also den Text in mehr kürzere als wenige lange Kapitel mit vielen Unterkapiteln aufzuteilen. Es wird allgemein empfohlen, sich bei den einzelnen Kapiteln auf drei oder allerhöchstens vier Ebenen zu beschränken und zu ihrer Kennzeichnung ausschließlich arabische Ziffern zu benutzen (z.B. ‚3 – 3.1 – 3.1.1'). Kapitel haben entweder kein oder mindestens zwei Unterkapitel (z.B. ‚Kap. 3 – 3.1 – 3.2 – Kap. 4'; aber nicht ‚Kap. 3 – 3.1 – Kap. 4'). Die Ziffern eines Kapitels werden durch Punkte ohne Spatium voneinander getrennt, die letzte Ziffer erhält keinen Punkt (Kapitelnummern auf den höchsten Gliederungsebenen erhalten also keinen Punkt).

Die einzelnen Kapitel sollten nicht zu lang, aber auch nicht zu kurz sein, denn Letzteres führt zu einer exzessiven Untergliederung. Aus einem einzigen Satz bestehende Unterkapitel sind zu vermeiden und in das vorausgehende oder nachfolgende Kapitel zu integrieren. Lange Kapitel gliedert man in Unterkapitel. So muss in einer empirischen Untersuchung derjenige Teil der Arbeit, welcher der Analy-

---

[1] Da nur eine geringe Anzahl von Arbeiten berücksichtigt wurde, sind die in Tabelle 6.1 angegebenen Werte nicht repräsentativ, sondern geben lediglich einen Anhaltspunkt. Bei dieser Zählung wurden Inhaltsverzeichnis, Literaturverzeichnis und sonstige Anhänge nicht einbezogen.

se der Sprachdaten gewidmet ist, nach thematischen bzw. methodischen Gesichtspunkten gegliedert werden; ein Kapitel ‚Ergebnisse‘ wäre nicht nur zu lang, sondern ließe vor allem nicht erkennen, welche Einzelaspekte in welcher Reihenfolge untersucht werden. Eine Gliederung der Darstellung der Analyseergebnisse in mehrere Kapitel und Unterkapitel dient der geordneten Darstellung der einzelnen Ergebnisse und damit zugleich der besseren Orientierung des Lesers. Themen, die sich wesentlich unterscheiden, sollten in getrennten Kapiteln behandelt werden, wie möglicherweise quantitative Untersuchungsmethoden kindlicher Kasusformen des Nomens und die qualitative Untersuchung von Form und Funktion der Kasus in der Kindersprache.

Nicht nur einzelne Kapitel, sondern auch **Absätze** innerhalb des laufenden Texts dürfen weder zu lang noch zu kurz sein. Zu lange Absätze erschweren die Entdeckung wesentlicher Aussagen, zu kurze zersplittern den Textfluss, sodass gedankliche Zusammenhänge schwer erkennbar sind.

Die **Untergliederung der Kapitel** muss möglichst folgerichtig sein, sodass Zusammengehöriges im Zusammenhang behandelt wird. Im folgenden „schlechten" Beispiel ist die Anordnung der grammatischen Kategorien des Verbs nicht folgerichtig, weil die beiden aspektualen Kategorien des (grammatischen) Aspekts und der (verbalen) Aktionsart auseinandergerissen sind und die nicht-temporale Kategorie der Modalität grundlos zwischen die beiden temporalen Kategorien Aspekt und Tempus geschoben ist. Mit dem Aspekt zu beginnen, ist für das Griechische folgerichtig, weil er die dominierende Kategorie des griechischen Verbs ist.

Schlecht: 3 Die Tempus-Aspekt-Modus-Kategorien des griechischen Verbs
3.1 Aspekt, 3.2 Modalität, 3.3 Tempus, 3.4 Aktionsart
Besser: 3 Die Tempus-Aspekt-Modus-Kategorien des griechischen Verbs
3.1 Aspekt, 3.2 Aktionsart, 3.3 Tempus, 3.4 Modalität

Es folgen einige Hinweise zu **Kapitelüberschriften** und ihrem Verhältnis zum Text. Kapitelüberschriften sollten aussagekräftig, jedoch möglichst knapp sein. Da die Einleitung verschiedene mehr oder weniger feststehende Aufgaben erfüllt, ist hier die relativ unspezifische Überschrift ‚Einleitung‘ angemessen (und besser als ‚Allgemeines‘). Die Wiederholung des Titels eines Hauptkapitels in einem

Unterkapitel ist zu vermeiden, weil dies der untergeordneten Rolle des Unterkapitels widerspricht:

Schlecht: 3 Die Flexion des Nomens
　　　　　3.1 Einleitung
　　　　　3.2 Flexion und Genus
　　　　　3.3 Die Flexion des Nomens
Besser: 3.3 Kasus- und Numerusflexion

Überschriften sind nicht unmittelbar Teil der Darlegung. Deshalb sollte man sich auf sie nicht mit anaphorischen Pronomina beziehen, sondern ihren Wortlaut im Text wieder aufnehmen.

Kap. 3 Pausen zwischen Wörtern oder Morphemen
Schlecht: Diese Art der Evidenz ist eine der offensichtlichsten für Produktivität.
Besser: Pausen zwischen Wörtern oder Morphemen sind eine der offensichtlichsten Arten von Evidenz für Produktivität.

Zwischen Überschrift und Textbeginn muss ein erkennbarer Zusammenhang bestehen. Im folgenden Beispiel aus einer akademischen Abschlussarbeit gehört die Information über die untersuchten Probanden nicht in das theoretische Kapitel über Sprachentwicklungsstörungen, sondern in das Kapitel über die Daten (oder in einer kleinen Arbeit in die Einleitung).

Kap. 2 Sprachentwicklungsstörungen
Schlecht: Die hier untersuchten Kinder besuchen einen Sprachheilkindergarten und wurden als sprachentwicklungsverzögert diagnostiziert.
Besser: Der Begriff der Sprachentwicklungsstörung wird in der Literatur nicht einheitlich definiert, weil die Faktoren, die bei solchen Störungen eine Rolle spielen, und ihre Ursachen noch nicht ausreichend untersucht sind.

6.2 Leserfreundlichkeit und Führung des Lesers

Leser wissenschaftlicher Abhandlungen sind nicht nur wissbegierige, sondern auch kritische Leser, die Einsichten gewinnen wollen. Dazu bedarf es eines begründeten Argumentationsganges, denn solche Leser sind kaum geneigt, einem Autor aufgrund seiner bloßen Autorität zu folgen. Damit sich der wissenschaftliche Leser als selbstständig denkender ernst genommen fühlt und ihm der Schreibstil nicht „autoritär" erscheint, muss er die Textstruktur gut erkennen und dem Argumentationsgang möglichst problemlos folgen können. Dazu ist eine gute Führung des Lesers vonnöten, die dadurch erreicht wird, dass an den Wendepunkten des Textes **„Wegweiser"** aufgestellt werden. Sie rechtfertigen die Gliederung in Kapitel und Unterkapitel, verdeutlichen deren jeweilige Ziele und informieren über die thematischen Zusammenhänge, die als nächste oder erst in einem späteren Teil der Arbeit behandelt werden. Solche Wegweiser sind natürlich in großen Arbeiten wie z.B. Dissertationen ganz besonders wichtig, weil deren Argumentationsgang aufgrund ihrer Länge nicht so leicht zu überschauen ist. Eine gute Führung erleichtert dem Leser die Orientierung im Text, sodass er die Arbeit mit Freude und Gewinn lesen wird.

Wegweiser sind vor allem im Hauptteil der Arbeit wichtig, denn die Einleitung dient ja insgesamt der Orientierung des Lesers, indem sie ihm einen Überblick über Zielsetzung und Aufbau der gesamten Arbeit bietet. Im Hauptteil muss der Leser besonders an Wendepunkten der Arbeit gut geführt werden, nämlich dort, wo Themenwechsel stattfinden. Das betrifft in erster Linie Beginn und Schluss der einzelnen Kapitel, aber nicht ausschließlich. Generell muss beim Leser der Eindruck vermieden werden, dass der Autor aus nicht nachvollziehbaren Gründen von einem Thema zum anderen springt.

In längeren Kapiteln, die der **Darstellung empirischer Ergebnisse** gewidmet sind, sollten die Teilergebnisse jeweils kurz zusammengefasst werden, bevor der nächste Beschreibungsteil folgt. Auf dieser Grundlage kann der Leser zum nächsten Analyseschritt geführt werden. Beides fehlt im folgenden „schlechten" Beispiel, wo das Kapitel abrupt mit einer letzten empirischen Beobachtung endet. Genauso schlecht ist es, ein Kapitel mit zitierten Beispielen zu beenden; hier sollte zumindest ein Schlusssatz das Kapitel abrunden.

Schlecht: Wenn die russische Probandin im Deutschen pronominal auf das Subjekt des vorhergehenden Satzes referiert, benutzt sie bei einsilbigem Antezedens typischerweise die Form *er*.

Besser: [Zusammenfassung:] Die Analyse der Personalpronomina in der deutschen Lernersprache der russischen Probandin hat gezeigt, dass die Genuskongruenz noch nicht verlässlich ist. [Schlusssatz:] Eine syntaktisch wesentlichere Kategorie als das Genus ist der Kasus, der Gegenstand des nächsten Kapitels ist.

Zu Beginn eines längeren Kapitels kann ein kurzer Überblick über Inhalt und Aufbau sinnvoll sein. So z.B. in einem Kapitel über die Entwicklung von Kasus und Numerus in der Kindersprache:

> Im ersten Teil des Kapitels wird die Entwicklung der Kasusformen der maskulinen und femininen Nomen im Singular bei fünf griechischen Kindern behandelt; im zweiten Teil geht es um den Plural, vor allem der Neutra.

Kurze Einleitungen sind vor allem dann zu empfehlen, wenn ein Kapitel mehrere Unterkapitel aufweist. So wird der Leser über die Gesamtheit der in dem entsprechenden Kapitel behandelten Themen informiert.

> *Schlecht:*   2 Syntaktische Ebene
> 2.1 Syntaktische Relationen
> *Besser:*   2 Syntaktische Ebene
> In diesem Kapitel werden auf der Satzebene zunächst die wesentlichen syntaktischen Relationen, insbesondere Subjekt- und Objektrelation, und anschließend die Verbstellung beleuchtet.
> 2.1 Syntaktische Relationen

Es nicht nur wichtig, den Leser am Beginn eines neuen Kapitels über die konkret zu untersuchenden Phänomene zu informieren, sondern auch den theoretischen Zusammenhang klar zu machen, in welchem sie beschrieben werden sollen, sodass er das theoretische Interesse der Untersuchungsschritte erkennen kann. In den folgenden „schlechten" Beispielen für Einleitungssätze von Kapiteln oder anderen Textabschnitten ist dies versäumt worden.

> *Schlecht:*   In den hier analysierten Daten der frühen ungarischen Kindersprache kommen drei Arten des von der Standardsprache abweichenden Kasusgebrauchs vor.
> *Besser:*   Obwohl der Kasusgebrauch in der frühen ungarischen Kindersprache im wesentlichen den Gepflogenheiten der Umgangssprache entspricht, finden sich in den hier analysierten Daten auch systematische Abweichungen, die sich den folgenden drei Typen zuordnen lassen.

> *Schlecht:*   Kilani-Schoch & Dressler (2002) geben die folgenden Kriterien für die Bestimmung von ‚Miniparadigmen' an.

Besser: Im prä- und protomorphologischen Ansatz der Spracher-
            werbsforschung entwickeln sich im protomorphologischen
            Stadium sog. ‚Miniparadigmen', welche als Maß für die Pro-
            duktivität von Flexionsverfahren dienen. Kilani-Schoch &
            Dressler (2002) geben die folgenden Kriterien für Minipara-
            digmen an ...

Schlecht: Die ersten vom deutschsprachigen Kind benutzten lokalen
            Präpositionen sind *in* und *auf.*
Besser: In diesem Abschnitt sollen die in der frühen deutschen Kin-
            dersprache vorkommenden lokalen Ausdrücke untersucht
            werden. Die ersten vom Kind benutzten lokalen Präpositi-
            onen sind *in* und *auf.*

Wenn zu Beginn eines Kapitels die Reihenfolge der in diesem oder
erst in späteren Kapiteln zu behandelnden Themen erläutert wird, hilft
dies dem Leser, die **Strukturierung des Textes** zu verstehen. So
sollte der Leser im folgenden Beispiel zu Beginn des dem estnischen
Partitiv gewidmeten Kapitels darüber informiert werden, weshalb
dieser Kasus zuerst und die anderen obliquen Kasus dieser Sprache
erst später behandelt werden und an welcher Stelle der Arbeit dies
geschieht.

Schlecht: Wenn das estnische Kind den Partitiv beherrscht, werden
            die anderen obliquen Kasus erworben.
Besser: Wie in Kap. (3.2) zu zeigen sein wird, werden die anderen
            obliquen Kasus des Estnischen erworben, sobald das Kind
            den Partitiv beherrscht.

Themenwechsel müssen begründet werden, vor allem, wenn sie innerhalb eines Kapitels vorgenommen werden, weil der Leser sie hier
nicht erwartet. So ist es im folgenden „schlechten" Beispiel irritie-
rend, dass der Verf. abrupt von der Behandlung verschiedener theoretischer Ansätze des Flexionserwerbs zu Jakobsons russischer Ka-
suslehre übergeht.

Schlecht: Im Gegensatz zu semantisch fundierten lexikalischen Ansät-
            zen des Kasuserwerbs des Kindes betont der prä- und pro-
            tomorphologische Ansatz die Rolle von Form und Funktion
            sprachlicher Zeichen und berücksichtigt die unterschied-
            lichen Flexionsklassen in idg. Sprachen. [Absatz] Jakobsons

(1936, 1958) Annahme einer Gesamtbedeutung der einzelnen russischen Kasus setzt voraus, dass die verschiedenen
Kasusfunktionen semantisch aufeinander bezogen sind.

Besser: Im Gegensatz zu semantisch fundierten lexikalischen Ansätzen des Kasuserwerbs des Kindes betont der prä- und protomorphologische Ansatz die Rolle von Form und Funktion
sprachlicher Zeichen und berücksichtigt die unterschiedlichen Flexionsklassen in idg. Sprachen. In diesem Zusammenhang ist es interessant, Jakobsons Lehre von der
Gesamtbedeutung der einzelnen russischen Kasus zu betrachten, die voraussetzt, dass die verschiedenen Kasusfunktionen semantisch aufeinander bezogen sind.

Keine größere Arbeit kommt ohne **Querverweise** aus, denn einerseits
hängen viele Untersuchungsaspekte thematisch zusammen, andererseits können sie aber nur sukzessive behandelt werden. Querverweise gestatten es dem Leser, sich über ihn interessierende Zusammenhänge unmittelbar zu informieren, auch wenn diese an verschiedenen
Stellen der Arbeit behandelt werden. Allerdings dürfen Querverweise nicht dazu missbraucht werden, eine schlechte Strukturierung des
Textes zu verdecken. So zeigt im folgenden Beispiel der Verweis im
Einleitungssatz des Kapitels, dass dieses falsch aufgebaut ist. Hier
würde man mit den Onomatopoetika als prototypischem Beispiel
bildhafter Ikonizität beginnen und dann die weniger prototypischen
Arten auf diesen Typ beziehen.

Schlecht: 2 Typen sprachlicher Ikonizität
2.1 Phonaestheme
Phonaestheme unterscheiden sich von Onomatopoetika
(s.u. Kap. 2.2) dadurch, dass nicht ihr gesamter Zeichenkörper motiviert ist, sondern nur ein Teil desselben.

Besser: 2 Typen sprachlicher Ikonizität
2.1 Onomatopoetika
2.2 Phonaestheme
Phonaestheme unterscheiden sich von Onomatopoetika dadurch, dass nicht ihr gesamter Zeichenkörper motiviert ist,
sondern nur ein Teil desselben.

Verweise auf Textstellen müssen möglichst klar sein, damit der Leser
bei Bedarf die Zielstellen leicht auffinden kann. Da wissenschaftliche
Arbeiten meist in Kapitel gegliedert sind, sollte man bei Verweisen

auf andere Kapitel das betreffende Kapitel (oder Unterkapitel) angeben und vage Angaben wie z.b. ‚wie oben erwähnt' vermeiden. Auf Seitenzahlen lässt sich selbstverständlich nur in einem gedruckten Manuskript verweisen.

Schlecht:	Wie oben erwähnt, übergeneralisiert das Kind im Deutschen die Pluralendung *–en*.
Besser:	Wie in Kap. (3.1) erwähnt, übergeneralisiert das Kind im Deutschen die Pluralendung *–en*.

Verf. müssen immer wieder versuchen, sich in die Lage des Lesers zu versetzen, der über sein sprachwissenschaftliches Vorwissen hinaus auf den ihm dargebotenen Text angewiesen ist, um den Ausführungen folgen zu können. Ein leserfreundlicher Stil zeichnet sich u.a. dadurch aus, dass dem Leser einerseits die Lektüre nicht unnötig erschwert wird, er andererseits aber nicht mit Selbstverständlichkeiten gelangweilt wird. Dazu gehört, dass man nur solche **Fachbegriffe** definiert, die bei einem sprachwissenschaftlich geschulten Leserkreis nicht als allgemein bekannt vorausgesetzt werden können oder für die es in der Literatur verschiedene Definitionen gibt. So erfährt der Leser, was unter dem jeweiligen Begriff in der ihm vorliegenden Arbeit verstanden wird. In Untersuchungen zum Erst- oder Zweitspracherwerb gilt dies z.B. für die Begriffe ‚*Percentage of Base Forms* (PBF)' oder ‚produktiver Gebrauch' sprachlicher Kategorien.

Während viele Leser für eine Definition des heute selten benutzten Terminus ‚Phonaesthem' dankbar sein werden, ist die Definition von ‚Lexem' im folgenden Beispiel überflüssig, weil die Unterscheidung zwischen Flexion und Derivation zum linguistischen Grundwissen gehört. Diese Definition wirkt deshalb in einer sprachwissenschaftlichen Abhandlung störend. Dasselbe gilt für die Erläuterung des Begriffs ‚oblique Kasus' im zweiten Beispiel.

Schlecht:	Mit ‚Lexem' ist hier eine lexikalische Einheit gemeint, keine grammatische Wortform.
Besser:	Im Gegensatz zu Onomatopoetika, deren gesamter Zeichenkörper ikonischen Charakter hat (z.B. *Kuckuck*), sind Phonaestheme lautmalende Wörter, bei denen lediglich Teile desselben bestimmte Bedeutungen wie z.B. die der unruhigen Bewegung evozieren (*fl*ackern, *fl*immern, *fl*attern usw.).

Schlecht: Das finnische Kasussystem besteht aus dem unmarkierten
Nominativ und drei Gruppen obliquer Kasus (andere Kasus
als der Nominativ).

Besser: Das finnische Kasussystem besteht aus dem unmarkierten
Nominativ und drei Gruppen obliquer Kasus.

Begriffe wie ‚Percentage of Base Forms (PBF)‘, die nur einem kleinen Leserkreis bekannt sind, weil sie aus einem speziellen theoretischen Ansatz zum Erstspracherwerb stammen, müssen unbedingt
unter Rückgriff auf ihre Quelle definiert werden. Hier würde eine
Darstellung wie im folgenden „schlechten" Beispiel viele Leser daran hindern, der Darlegung mit Verständnis zu folgen.

Schlecht: Im Folgenden sollen die PBF-Werte für die untersuchten
Kindersprachdaten sowie den sprachlichen Input untersucht
werden.

Besser: Für die quantitative Untersuchung der kindlichen Entwicklung der Flexion bietet sich das von Voeikova & Gagarina
(2002) entworfene Maß ‚Percentage of Base Forms‘ (PBF)
an, das den Anteil unmarkierter Flexionsformen in der Sprache des Kindes bestimmt. [Es folgt eine Festlegung der
Basisform für die untersuchte Sprache, im Deutschen z.B.
die endungslose Substantivform.]

Bei interdisziplinären Arbeiten aus den Bereichen der Psycholinguistik, Neurolinguistik oder Soziolinguistik kann die Erläuterung spe-
zieller Begriffe wie z.B. ‚Inputsprache‘ oder ‚amnestische Aphasie‘
für den in den entsprechenden Bereichen ungeschulten Leser nützlich
sein.

Außer begrifflichem sollte auch anderes Vorwissen, das zum Verständnis der eigenen Darlegung nötig ist, kurz angeführt werden,
damit man dem Leser das Textverständnis nicht wie im folgenden
„schlechten" Beispiel unnötig erschwert.

Schlecht: Nur wenige Publikationen über Gebärdensprache folgen der
von R. Jakobson geprägten Auffassung des sprachlichen
Zeichens.

Besser: Nur wenige Publikationen über Gebärdensprache folgen R.
Jakobsons Auffassung, dass die Ikonizität und damit die
Motiviertheit des sprachlichen Zeichens in Lautsprachen
eine große Rolle spielt [Literaturangaben].

Während es ein Kennzeichen guten Stils ist, die **Wiederholung** von Ausdrücken oder von in unmittelbar benachbarten Abschnitten stehenden Textteilen zu vermeiden (s. Kap. 7.2), kann es bei komplizierten Sachverhalten, vor allem in längeren Arbeiten, sinnvoll sein, dem Leser durch die Wiederholung von früher Dargelegtem Hilfestellung zu leisten und es ihm zu ersparen, die entsprechenden Textstellen zu suchen und noch einmal zu lesen. Dasselbe gilt für wichtige, in einem früheren Kapitel angeführte Beispiele.

In dem folgenden „schlechten" Beispiel ermüdet die Wiederholung eines Teils des Inhalts des Vorsatzes im unmittelbar folgenden Satz jedoch den Leser, weil der zweite Satz kaum zusätzliche Information enthält.

Schlecht: Russische Lokativformen kommen zunächst nur in einigen Kontexten und mit einer begrenzten Zahl von Substantiven vor wie z.B. Fahrzeugen, Räumen oder Behältern (z.B. *na kuxne* 'in kitchen:SG:PREP', *na velosipede* 'by bicycle:SG:PREP'). Also werden einige marginale Kasusformen meist nur von einer begrenzten Menge von Lexemen in bestimmten Konstruktionen benutzt.

Besser: Russische Lokativformen kommen zunächst nur in einigen Kontexten und mit einer begrenzten Zahl von Substantiven vor wie z.B. Fahrzeugen, Räumen oder Behältern (z.B. *na kuxne* 'in kitchen:SG:PREP', *na velosipede* 'by bicycle:SG:PREP'). Dasselbe gilt für andere marginale Kasusformen.

In einer Arbeit über die neugriechische Nominalflexion kann es für den Leser hilfreich sein, ihm an einer späteren Stelle der Arbeit noch einmal kurz das Charakteristikum der Klasse der ‚Triptota' ins Gedächtnis zu rufen:

Bei den Maskulina der Klasse der ‚Triptota', welche zwischen Nominativ, Akkusativ und Genitiv unterscheiden (s.o. Kap. 2), bildet sich im Laufe der Entwicklung die Opposition zwischen einer allgemeinen obliquen Kasusform und dem Genitiv heraus.

Zu einer leserfreundlich geschriebenen Abhandlung gehört auch eine klare und verständliche sprachliche Form (s. Kap. 7) sowie vor allem ein folgerichtig aufgebauter und für den Leser gut nachvollziehbarer Argumentationsgang, dem wir uns als nächstes zuwenden.

6.3 Wissenschaftliche Argumentation

Da es in der Wissenschaft nicht um die Erkenntnis der Wahrheit geht, sondern um eine „fortschreitende Annäherung an die Wirklichkeit" (Reichholf 2008), sind im wissenschaftlichen Diskurs wohlbegründete Argumente für Annahmen, Deutungen und Vorhersagen unverzichtbar. Die Struktur der Gedankenführung, der **Argumentationsgang**, muss begründet, kohärent, folgerichtig und widerspruchsfrei sein.

Mit den folgenden Hinweisen und Anregungen sollen wesentliche Merkmale einer angemessenen wissenschaftlichen Argumentation, wie sie vor allem im Hauptteil einer sprachwissenschaftlichen Arbeit verlangt wird, vorgestellt werden. Gleichzeitig werden einige der gröbsten Fehlerquellen angeführt.

Im Hauptteil einer empirischen Arbeit geht es insbesondere um die systematische Darstellung der **Analyseergebnisse**. Diese soll nicht dem mühevollen Weg der Erkenntnisgewinnung folgen, da die Einzelheiten der Analyse oder eventuelle Irrwege i.a. nicht interessieren. Der Aufbau des Argumentationsganges muss dem Leser einsichtig gemacht und deshalb begründet werden:

Schlecht: Bevor wir uns den Gebärdensprachen zuwenden, soll zunächst der Zusammenhang zwischen Linearität und Ikonizität in Lautsprachen behandelt werden.

Besser: Um die unterschiedliche Ausnutzung der Ikonizität in Laut- und Gebärdensprachen besser begründen zu können, muss auf den Zusammenhang zwischen Linearität und Ikonizität eingegangen werden.

Weiterhin muss der Argumentationsgang so strukturiert sein, dass sich **Zusammenhänge** und die in der Einleitung der Arbeit genannten Zielsetzungen erkennen lassen, die sich wie ein roter Faden durch den Hauptteil des Werks ziehen sollten. Die Darstellung von Einzelphänomenen wird also durch einen übergeordneten Zusammenhang begründet.

In Sprachen mit einem reichen Kasussystem wie z.B. dem Estnischen oder Finnischen genügt es nicht, die Distribution der einzelnen Kasus in Sprachdaten der frühkindlichen Entwicklung einfach nur zu beschreiben. Vielmehr müssen die Kasus unter theoretischen Aspekten wie den folgenden untersucht werden: Gibt es ein vorflexivisches Stadium? Welche verschiedenen Kasusformen entwickeln sich zu einem gegebenen Zeitpunkt und wie unterscheiden sie sich funktional voneinander? Wie entwickelt sich der produktive Gebrauch im Bereich des Kasus und welche Rolle spielt hier ggf. die Übergeneralisierung bestimmter Flexionsmuster? Wodurch ist das protomorphologische Entwicklungsstadium im Gegensatz zum prämorphologischen charakterisiert? Welche Beziehungen bestehen zwischen der Kindersprache und der an das Kind gerichteten Sprache Erwachsener?

Nicht nur bei der Darstellung des Forschungsstandes (s. Kap. 4.1), sondern auch im Hauptteil der Arbeit muss auf die benutzte **Literatur** Bezug genommen werden, damit der Leser die theoretischen Entscheidungen des Verfs. auf dem Hintergrund der herangezogenen Literatur werten kann bzw. erkennt, wo und aus welchen Gründen der Verf. von Vorarbeiten abweicht.

Anders als von Delord (1976) angenommen, ist die Kategorie des Deskriptivs im Kabiyé kein Aspekt, sondern ein Modus. Dies zeigt sich zunächst schon daran, dass das hochtonige Deskriptivsuffix –u /H/ an eine Verbalform angefügt wird, die bereits für den imperfektiven oder perfektiven Aspekt markiert ist (Lébikaza 1985).

Die Darstellung der empirischen Gegebenheiten muss konsistent und für den Leser nachvollziehbar sein. Obwohl Einzelphänomene (z.B. die Entwicklung der Kasus in finno-ugrischen Sprachen, im Russischen oder Türkischen) unter einem erkennbaren theoretischen Aspekt beschrieben werden müssen, dürfen in die Behandlung der einzelnen Kasus in einem bestimmten Entwicklungsstadium eines Kindes nicht Ausblicke auf spätere Entwicklungsstadien oder Vergleiche mit anderen Probanden eingestreut werden, denn dadurch wird der Leser vom eigentlichen Anliegen der Darlegung abgelenkt. Er kann aber nur dann ein klares Bild von der Entwicklung der einzelnen Kasus und des Kasussystems in der jeweiligen Kindersprache erhalten, wenn Feststellungen von thematisch übergreifender Art, nämlich das Fortschreiten der Kasusentwicklung in den einzelnen Entwicklungsstadien jedes Kindes bzw. die Unterschiede zwischen verschiedenen Kindern oder gar der Vergleich mit anderen Forschungsergebnissen, auf die Beschreibung der einzelnen Stadien folgen anstatt sich mit ihr zu vermischen. Ein solches Gesamtbild entwirft man am besten in einem gesonderten Kapitel, in welchem die Einzelergebnisse zusammengefasst und miteinander sowie ggf. mit denen anderer Arbeiten verglichen werden.

Ein weiterer Grund für eine solche Verfahrensweise ist, dass keine weitreichenden Schlüsse aus Einzelbeobachtungen gezogen werden sollten. Erst nach Abschluss einer genauen und vollständigen Datenanalyse liegt nämlich ausreichend empirische Evidenz für allgemeine und vom Leser nachvollziehbare **Schlussfolgerungen** vor.

Schlecht: Der Gebrauch von Kasus und Numerus in Ausdrücken, die ein Zahlwort enthalten, ist im Russischen formal motiviert (GEN:SG nach ‚zwei', ‚drei' oder ‚vier', GEN:PL ab ‚fünf'). Dass das Mädchen Maria in solchen Ausdrücken den NOM: SG gebraucht, zeigt, dass es die Substantive als flexionslose Grundformen interpretiert. Also werden in der russischen Kindersprache formale Unterschiede später erworben als semantische.

Besser: Der Gebrauch von Kasus und Numerus in Ausdrücken, die ein Zahlwort enthalten, ist im Russischen formal motiviert (GEN:SG nach ‚zwei', ‚drei' oder ‚vier', GEN:PL ab ‚fünf'). Dass das Mädchen Maria in solchen Ausdrücken den NOM: SG gebraucht, zeigt, dass es die Substantive als flexionslose Grundformen interpretiert. Wie noch zu zeigen sein wird, ist dies ein Beleg einer allgemeineren Gesetzmäßigkeit, nach welcher in der russischen Kindersprache formale Unterschiede später erworben werden als semantische (s.u. Kap. 4).

Es zeugt von schlechtem wissenschaftlichen Stil, wenn der Verf. **eigene Überlegungen** zunächst als uneingeschränkt gültig in den Raum stellt, sie aber im nächsten Augenblick durch einschränkende Adjektive oder Adverbien so weit zurücknimmt, dass sie unangreifbar zu werden scheinen. Weiterhin ist zu vermeiden, zunächst als Spekulation vorgebrachte Gedanken, kaum dass sie niedergeschrieben sind, als Fakten zu bezeichnen. Unbegründete Behauptungen (unbewiesene „eigene Meinungen") müssen generell vermieden werden, weil sie dem Erkenntnisprozess nicht förderlich sind und sogar irreführend sein können. So ist die im folgenden „schlechten" Beispiel ausgedrückte Vermutung über die an das Kind gerichtete Sprache wissenschaftlich wertlos, weil sie sich nicht auf eine Analyse der Inputsprache stützt.

Schlecht: In einer 90 Min. umfassenden Tonaufnahme der estnischen Kindersprache kommen bei drei Substantiven jeweils vier verschiedene Flexionsformen vor. Man darf annehmen, dass dieses der flexivischen Diversität der an das Kind gerichteten Sprache gleichkommt.

Anstatt unbegründete Ansichten zu vertreten, ist es ehrlicher und durchaus zweckdienlich, auf entsprechende Forschungsdesiderate hinzuweisen:

Schlecht: Meiner Meinung nach dürfte eine für Kinder mit Sprachentwicklungsstörungen geeignete Bildergeschichte maximal ca. 12 Bilder umfassen.

Besser: Obwohl bisher nicht untersucht wurde, ob die Länge von Bildergeschichten die Erzählleistungen von Kindern mit Sprachentwicklungsstörungen beeinflusst, wäre zu prüfen, ob lange Geschichten wie die 24 Bilder umfassende ‚Froschgeschichte‘ sich bei dieser Population gegenüber kurzen Geschichten wie der ‚Katzen‘- oder ‚Pferdegeschichte‘ (5 bis 6 Bilder) nicht negativ auswirken.

Wenn keine entsprechenden Forschungsergebnisse vorliegen, kann es sich anbieten, anstelle eines vorschnellen Urteils eine Frage zu stellen:

Schlecht: Bei den beiden russischen Lernenden des Deutschen als Zweitsprache macht sich bemerkbar, dass die jüngere in der Grundschule sprachliche Unterweisung erhalten hat, die ältere auf dem Gymnasium jedoch nicht.

Besser: Es stellt sich die Frage, inwieweit die Tatsache, dass die jüngere der beiden russischen Lernenden in der Grundschule sprachliche Unterweisung erhalten hat, die ältere auf dem Gymnasium jedoch nicht, sich auf die unterschiedliche Entwicklung ihrer sprachlichen Fähigkeiten im Deutschen als Zweitsprache auswirkt. Dies lässt sich nachträglich leider nicht mehr überprüfen.

Die **Interpretation** sprachlicher Phänomene muss, so weit wie möglich, begründet werden. Wenn eine Beweisführung im strengen Sinne unmöglich ist, ist eine begründete Annahme einem dezidierten Urteil vorzuziehen:

Schlecht: Die Genitivform *Spíru* ‚von Spiros' wird von dem griechischen
              Jungen Spiros als unanalysierte Kasusform benutzt.

Besser: Da der Junge Spiros lediglich seinen Namen in einer Geni-
              tivform (*Spíru* ‚von Spiros') benutzt, der Genitiv jedoch bei
              anderen maskulinen Nomina noch nicht auftritt, ist anzuneh-
              men, dass es sich hier um eine unanalysierte Kasusform
              handelt.

Beobachtungen sollten so weit wie möglich erklärt werden. Vor allem
bei unerwarteten Befunden muss zumindest der Versuch einer **Erklärung** unternommen werden. Wenn sich zum jeweiligen Forschungsstand eine solche nicht finden lässt, sollte der Verf. dies ehrlicherwei-
se zugeben.

Schlecht: Obwohl das Yukatekische eine transnumerale Sprache ist,
              benutzen Kinder das Pluralsuffix *–o'ob* so, als hätte der Plu-
              ral in dieser Sprache den gleichen Status wie in einer indo-
              germanischen Sprache.

Besser: Dass Yukatekisch lernende Kinder den Plural in dieser trans-
              numeralen Sprache ähnlich behandeln wie in idg. Sprachen,
              ist dem indirekten Einfluss des Spanischen zuzuschreiben.

Vage Hinweise wie im folgenden „schlechten" Beispiel sind uninfor-
mativ und relativieren die eigene Interpretation unnötig:

Schlecht: Es gibt natürlich auch andere Interpretationsmöglichkeiten
              für dieses Phänomen.

Besser: Zwar wird dieses sprachliche Phänomen in der Literatur teil-
              weise anders interpretiert ([Literaturangaben]), aber im Zu-
              sammenhang mit der Fragestellung der vorliegenden Unter-
              suchung kann auf die Diskussion dieser Auffassungen
              verzichtet werden.

Wenn die Kenntnis von **Analyseverfahren** nicht beim Leser vorausgesetzt werden kann, müssen diese erläutert werden, damit ihre An-
gemessenheit im vorliegenden Untersuchungszusammenhang deutlich wird:

Quantitative Verfahren zur Untersuchung der Produktivität in der frühen
Kindersprache

Schlecht:	Die Mittlere Äußerungslänge (MLU) ist ein objektives Messinstrument für die grammatische Komplexität kindlicher Äußerungen und damit für ihre Produktivität.
Besser:	Da die Diversität und Komplexität der Äußerungen in der frühkindlichen sprachlichen Entwicklung mit ihrer Länge zunimmt, lässt sich die Mittlere Äußerungslänge (MLU = durchschnittliche Menge von Morphemen oder Wörtern pro Äußerung) auf dieser Entwicklungsstufe als ein grobes Maß für die Produktivität benutzen.

Wie in Kapitel 1.3 erwähnt, muss die Entscheidung, bestimmte **Teilbereiche des Themas** zu behandeln oder auszuklammern, begründet werden. Obwohl eine sachliche Begründung vorzuziehen und in genuinen Forschungsbeiträgen wie z.b. Dissertationen verlangt ist, dürfen in Terminarbeiten wie Bachelor- oder Masterarbeiten auch zeitliche Gründe geltend gemacht werden. Wie aus dem folgenden Beispiel implizit hervorgeht, müssten die Derivationssuffixe in einer Dissertation über die Textstruktur des Aymara eigentlich berücksichtigt werden.

Schlecht:	In dieser Arbeit werden lediglich die Tempora des Aymara behandelt, die Derivationssuffixe jedoch nicht.
Besser:	Diese Arbeit beschäftigt sich lediglich mit den Tempora des Aymara. Obwohl die Derivationssuffixe, die dem Ausdruck aspektueller Kategorien dienen, bei der Textgliederung ebenfalls eine Rolle spielen, würde deren zusätzliche Berücksichtigung den Rahmen der Arbeit sprengen.

Phänomene, die in einem Datencorpus nicht belegt sind, können selbstverständlich auch nicht analysiert werden; hier erübrigt sich eine Begründung.

Schlecht:	Da in Emmas Sprachdaten weder das Futur noch das Plusquamperfekt vorkommen, fehlen die entsprechenden Unterkapitel in diesem Abschnitt.
Besser:	Die in Emmas Sprachdaten vorkommenden Tempora beschränken sich auf Präsens, Imperfekt und Perfekt. Weder das periphrastisch ausgedrückte Futur noch das Plusquamperfekt sind belegt.

Es ist der Folgerichtigkeit und Kohärenz der Argumentation förderlich, **Gedankensprünge** zu vermeiden:

Schlecht: Jakobson (1936, 1958) nimmt an, dass die russischen Kasus jeweils eine Gesamtbedeutung haben, was voraussetzt, dass die einzelnen Kasusfunktionen semantisch aufeinander bezogen sind. Die Komplexität von Gesamtbedeutungen übersteigt jedoch die kognitive Kompetenz von Kindern unter drei Jahren.

Besser: Jakobson (1936, 1958) nimmt an, dass die russischen Kasus jeweils eine Gesamtbedeutung haben, was voraussetzt, dass die einzelnen Kasusfunktionen semantisch aufeinander bezogen sind. Obwohl Jakobson (1936, 1958) seine Kasustheorie nicht im Zusammenhang mit Fragen des Erstspracherwerbs entwickelt hat, muss betont werden, dass Gesamtbedeutungen von Kasus die kognitive Kompetenz von Kindern unter drei Jahren überfordern.

Schlecht: In Kommunikationssituationen mit kleinen Kindern kommen seitens der Erwachsenen eine Reihe sprachlicher Formen vor, die das Kind noch nie gehört hat oder die es noch nicht analysiert hat. Bei Neele sind einige Äußerungen zu verzeichnen, die eine offensichtliche Analogie zur vorangehenden Form des Erwachsenen bilden.

Besser: In Kommunikationssituationen mit kleinen Kindern kommen seitens der Erwachsenen eine Reihe sprachlicher Formen vor, die das Kind noch nie gehört hat oder die es noch nicht analysiert hat. In solchen Fällen benutzen Kinder manchmal die Strategie, Teile des erwachsenen Diskurses in die eigene Äußerung aufzunehmen. Bei Neele ...

Der **Argumentationsgang** wissenschaftlicher Texte muss nicht nur begründet und kohärent, sondern auch folgerichtig und widerspruchsfrei sein. Im folgenden „schlechten" Beispiel widerspricht der letzte Satz dem ersten:

Schlecht: Bei quantifizierten NPs bleibt offen, ob sie definit sind oder nicht; dies zeigen Beispiele wie ‚Ein kiffender und im Nazikostüm auftretender Prinz trägt nicht gerade zu einem guten Ruf der Monarchie bei.' Solche NPs sind quantifiziert, aber definit.

Besser: Bei quantifizierten NPs bleibt offen, ob sie definit sind oder nicht; dies zeigen Beispiele wie ‚Ein kiffender und im Nazikostüm auftretender Prinz trägt nicht gerade zu einem guten

Ruf der Monarchie bei.' In diesem Beispiel bleibt offen, ob es sich um einen bestimmten Prinzen handelt oder nicht; lediglich die Kenntnis der außersprachlichen Wirklichkeit kann hier Klarheit schaffen.

In größeren Textpassagen können sich leicht Widersprüchlichkeiten einschleichen, wenn die Arbeit an einem Text längere Zeit in Anspruch nimmt. Deshalb ist es hier besonders wichtig, größere Textpassagen nachträglich im Zusammenhang durchzuarbeiten, um eventuelle Widersprüche auszumerzen:

Schlecht: Im *Item-and-Process*-Modell wird der Plural *geese* vom Singular *goose* durch eine Regel abgeleitet. [und wenig später:] IP-Analysen enthalten außer dem Regelteil der Grammatik im Lexikon eine Auflistung der Ausnahmen, z.B. *oxen, knives, geese.*

Besser: Im *Item-and-Process*-Modell wird der Plural *dog/z/* vom Singular *dog* durch eine Regel abgeleitet. IP-Analysen enthalten außer dem Regelteil der Grammatik im Lexikon eine Auflistung der Ausnahmen, z.B. *oxen, knives, geese.*

Ein besonders schwerer Fehler wissenschaftlicher Argumentation besteht in der **zirkulären Definition**. Hier wird zur Erklärung einer Einheit A auf eine Einheit B verwiesen und zur Erklärung von B wieder auf A (oder von A auf B, von B auf C und schließlich von C wieder auf A), wodurch sich weder über A noch über B eine Einsicht gewinnen lässt. So wird im folgenden „schlechten" Beispiel die Einheit des Adjektivs durch die Satzstruktur definiert, zu welcher notwendig die Kategorie des Adjektivs gehört. Es gibt also keine unabhängige Evidenz für die Kategorien von Adjektiv und Satzstruktur und ihre Interaktion.

Schlecht: In der deutschen Kindersprache gibt es erst dann Evidenz für die Wortart des Adjektivs, wenn die kindlichen Äußerungen syntaktische Struktur aufweisen.

Besser: Bei der Entwicklung der Wortart des Adjektivs in der Kindersprache spielen inhaltliche, morphologische und ganz wesentlich auch syntaktische Kriterien eine Rolle; insbesondere die Prädikation von Eigenschaften von Referenten (Größe, Charakter), Komparation, grammatische Kongruenz mit einem Bezugsnomen in Genus, Kasus, Numerus und prädikative vs. attributive syntaktische Funktion.

Damit der Leser dem Argumentationsgang mit Gewinn folgen kann, ist es wichtig, Aussagen möglichst **klar und präzise** zu formulieren. Im folgenden „schlechten" Beispiel kann sich der Leser unter der vagen Angabe einer „ziemlichen Produktivität" nichts vorstellen, vor allem auch deshalb, weil nicht angegeben wird, welches Produktivitätskriterium benutzt wurde.

Schlecht: Der Gebrauch des Nominativs Singular maskuliner griechischer Nomina bei dem Kind Maria ist ziemlich produktiv.

Besser: Legt man das Kriterium zugrunde, nach welchem der Gebrauch grammatischer Kategorien des Nomens produktiv ist, wenn einerseits ein gegebenes Substantiv in mehr als einer Flexionsform vorkommt und andererseits eine gegebene grammatische Kategorie (z.B. Nominativ Singular) bei mehr als einem Substantiv vorkommt (s. Pizzuto & Caselli 1994: 156), so ist der Gebrauch des Nominativs Singular maskuliner griechischer Nomina in Marias Sprache als produktiv zu bezeichnen.

6.4 Aufbau und Elemente einer sprachwissenschaftlichen Arbeit

Außer wenn es sich um eine Prüfungsarbeit mit vorgegebenem **Titel** handelt, legt man den endgültigen Titel der Arbeit am besten zum Schluss fest, damit er die Arbeit möglichst treffend charakterisiert (zur Wahl des Titels s. Kap. 2.3). Der Titel kann durch einen **Untertitel** ergänzt werden, welcher die genaueren theoretischen oder empirischen Aspekte der Untersuchung kennzeichnet (z.B. ‚Der Erwerb der griechischen Nominalflexion, ein gebrauchsorientierter Ansatz' oder ‚Early language development, Bridging brain and behaviour'). Außer bei Zeitschriftenaufsätzen oder Beiträgen zu Sammelwerken nimmt der Titel der Arbeit zusammen mit dem Namen des Verfs. eine eigene Seite ein (s. Kap. 9.1).

Eine **Widmung** (z.B. ‚meinen Eltern') ist i.a. der publizierten Fassung von Büchern vorbehalten und gehört nicht in Prüfungsarbeiten, also auch nicht in die bei der entsprechenden Fakultät einer Hochschule einzureichende Fassung einer Dissertation oder Habilitationsschrift. Dasselbe gilt für das **Vorwort**, in welchem sich der Verf. zu Anlass und Entstehungsgeschichte der Arbeit äußert und denjenigen Personen bzw. Organisationen dankt, die auf verschiedene Weise zu ihrer Vollendung beigetragen haben. Hier sollte auch für die Erteilung einer Abdruckerlaubnis von urheberrechtlich geschützten Materialien gedankt werden. Das Vorwort wird zum Schluss mit Ort und Datum und dem Namen des Verfassers versehen (s. Kap. 9.2).

Selbstständige sprachwissenschaftliche Arbeiten (also Hauptseminar-, Bachelor-, Masterarbeiten usw.; nicht jedoch Zeitschriftenaufsätze und Beiträge zu Sammelwerken) haben ein **Inhaltsverzeichnis**. Das Inhaltsverzeichnis bietet mehr als eine bloße Übersicht über die Kapitel der Arbeit und ihren Inhalt, indem es ihre Reihenfolge und hierarchische Strukturierung angibt. Außerdem enthält es die Seitenzahlen der Kapitel, Unterkapitel und Anhänge (s. Kap. 9.3). Zusammen mit dem Einleitungskapitel der Arbeit gibt das Inhaltsverzeichnis dem Leser eine Orientierungshilfe und ermöglicht ihm, Genaueres über Fragestellung und Schwerpunkte der Arbeit zu erfahren.

Die **Einleitung** dient dazu, den Leser über Thema, Fragestellung und Zielsetzung sowie ggf. den theoretischen Rahmen der Arbeit zu informieren. Dies erleichtert ihm nicht nur die Lektüre der Arbeit, sondern erlaubt ihm zudem, eine begründete Entscheidung darüber zu fällen, ob die Lektüre der ganzen Arbeit oder von Teilen derselben für ihn nutzbringend sein wird. Anders als in einem Vorwort beteiligt man den Leser in der Einleitung nicht an der Entstehungsgeschichte der Arbeit. Da die Zielsetzung der Arbeit im Schlusskapitel wieder aufgegriffen und zu den Ergebnissen in Beziehung gesetzt wird, sollte man sich davor hüten, in der Einleitung allzu weitreichende und unrealistische Ziele anzuführen (s. auch Eco 2007: 145). Ein solcher Fehler oder auch das Auseinanderklaffen von in der Einleitung genannter Fragestellung und den tatsächlichen Ergebnissen der Arbeit lassen sich leicht vermeiden, wenn man die endgültige Redaktion des Einleitungskapitels bis zum Abschluss des Hauptteils der Arbeit aufschiebt. Selbstverständlich legt man aber schon während der Bearbeitung der einschlägigen Literatur zumindest eine ausführliche Stoffsammlung des Einleitungskapitels an, auf der man später aufbauen kann. Die Meinungen darüber, inwieweit die Ergebnisse der Arbeit schon in der Einleitung vorweggenommen werden sollten, gehen auseinander. Jedoch ist hierbei zu bedenken, dass manchen Lesern so die Motivation geraubt werden könnte, die Arbeit zur Gänze zu lesen. Außerdem kann der Leser zu Beginn der Arbeit die Argumentation noch nicht nachvollziehen, die zu ihren Ergebnissen geführt hat. Zudem bietet der einleitende Überblick über die Ergebnisse selbst dem eiligen Leser keinen Vorteil, da ihm ja im Schlusskapitel eine Zusammenfassung vorliegt.

Am Schluss der Einleitung gibt man einen Überblick über den Aufbau der Arbeit. Hier sollten zur Orientierung des Lesers auch Anhänge (außer dem selbstverständlichen des Literaturverzeichnisses) erwähnt und deren Inhalt kurz charakterisiert werden. Falls die einzelnen Teile der Arbeit gewichtet werden sollen, muss dies behutsam und ohne Anmaßung geschehen.

> *Schlecht:* Im letzten und wichtigsten Teil der Arbeit wird eine tiefergehende Analyse des Verbs vorgenommen.
>
> *Besser:* Im letzten Teil der Arbeit wird das Verb einer eingehenden Analyse unterzogen.

Auf keinen Fall darf der Verf. die vorgelegte Schrift selbst beurteilen (z.B. als ,interessant' oder ,wichtig'). Solche Beurteilungen sind nicht nur bei Arbeiten verfehlt, die Teilbestand eines Prüfungsverfahrens sind, sondern sollten auch bei publizierten Arbeiten dem Rezensenten vorbehalten bleiben.

> *Schlecht:* Dies ist ein sehr spezielles Buch (über einen sehr allgemeinen Gegenstand).

Hier ein Überblick über die Inhalte des Einleitungskapitels:

- Erläuterung der Themenstellung und theoretischer Rahmen bzw. Methodik,
- Forschungsstand,
- Fragestellung, Arbeitshypothesen und Zielsetzung der Arbeit,
- Überblick über Inhalt und Struktur der Arbeit.

In größeren Arbeiten können Forschungsstand, theoretischer Rahmen und Methodik eigene Kapitel bilden.

Im **Hauptteil** einer sprachwissenschaftlichen Arbeit werden die Datenanalyse und ihre Ergebnisse vorgestellt (s. Kap. 4.3 und 4.4). Die Datenanalyse muss in diesem Teil der Arbeit abgeschlossen werden und darf nicht im Schlusskapitel fortgesetzt werden. Die verschiedenen Methoden oder Teile der Datenanalyse bilden getrennte Kapitel bzw. Unterkapitel. In psycholinguistischen Arbeiten werden die Ergebnisse und ihre Interpretation unter Heranziehung vergleichbarer Ergebnisse manchmal in getrennten Kapiteln dargeboten (,Ergebnisse' und ,Diskussion').

Jede wissenschaftliche Arbeit enthält ein **Schlusskapitel** und darf nicht abrupt mit dem letzten Teil der wissenschaftlichen Argumentation oder der Datenanalyse enden. Gegenstand des Schlusskapitels ist zumindest eine Zusammenfassung der Ergebnisse der eigenen Arbeit (s. Kap. 4.5). Mögliche Titel für das Schlusskapitel sind z.b. ‚Zusammenfassung', ‚Ergebnisse' oder ‚Schlussbetrachtung', nicht jedoch einfach ‚Schluss', weil ein solcher Titel nicht erkennen lässt, worum es sich inhaltlich handelt.

Größere Arbeiten wie z.b. Dissertationen können außer in Kapitel in Teile gegliedert werden. **I Einleitungsteil:** Hier ließen sich in verschiedenen Kapiteln Themen wie die folgenden behandeln: Auseinandersetzung mit unterschiedlichen theoretischen Ansätzen (z.b. nativistischer vs. gebrauchsorientierter Ansatz in der Spracherwerbsforschung); Darstellung des in der Arbeit behandelten Bereichs der Sprachstruktur (z.b. Tempusstruktur von narrativen Texten in der/den untersuchten Sprache/n; Typen sprachlicher Ikonizität); Forschungsstand (z.b. Tempusstruktur in kindlichen Erzählungen deutschsprachiger und griechischer Kinder; Ikonizität in der deutschen Gebärdensprache); Fragestellung, Analyseziele und Überblick über die Arbeit. **II Hauptteil:** Dieser ist der Datenanalyse und ggf. der Diskussion der Ergebnisse gewidmet. **III Schlussteil:** Dieser entspricht inhaltlich dem oben und in Kap. (4.5) skizzierten Schlusskapitel und besteht typischerweise aus einem einzigen Kapitel.

Auf den Textteil der Arbeit folgen die Anhänge, deren wichtigster das **Literaturverzeichnis** ist (s. Kap. 8). Es enthält alle bibliographischen Angaben, die im Text der Arbeit (in Kurzzitierweise) erwähnt werden, und nur solche. Wenn nicht im Text erwähnte Werke im Literaturverzeichnis angeführt werden, entsteht fälschlicherweise der Eindruck, dass der Arbeit mehr Literatur zugrunde gelegt wurde, als dies tatsächlich der Fall ist. Zu den in das Literaturverzeichnis aufzunehmenden Werken gehören auch solche, die in benutzten Quellen erwähnt werden, aber nicht aus erster Hand zitiert oder referiert werden. Im folgenden Beispiel gilt dies für Langacker (1987).

> „in Langacker's terms, there is no ‚rule/list separation'" (Bybee 2001: 7, die Langacker 1987 zitiert).

Während das Literaturverzeichnis in keiner sprachwissenschaftlichen Arbeit fehlen darf, sind **Anmerkungen** kein obligatorischer Bestandteil einer solchen, werden aber in den meisten Arbeiten in Form von **Fußnoten** (am Ende der Seite) oder **Endnoten** (am Ende des Textes der Arbeit) vorkommen. Dabei haben Fußnoten gegenüber Endnoten den Vorteil, dass sie für den Leser leichter zugänglich sind. Für eine gegebene Arbeit entscheidet man sich durchgängig für Fußnoten oder aber für Endnoten. Für die Stellung der Fuß- oder Endnotennummern hinter oder vor Interpunktionszeichen gibt es verschiedene Konventionen. In einer bestimmten Arbeit sollte man sich jedoch durchgängig nach einer dieser Konventionen (evtl. nach Vorgabe des Verlags) richten. Man benutzt entweder arabische oder römische Ziffern, wobei arabische wegen ihrer leichteren Verständlichkeit vorzuziehen sind. Verlage verlangen oft, Anmerkungen auf ein Minimum zu beschränken. Deshalb, und weil sie den Lesefluss nicht stören, sollten Kurzverweise auf die Literatur (z.B. ‚Slobin 1997') oder Querverweise (z.B. ‚s.u. Kap. 10.7') in den laufenden Text eingefügt werden.

Generell dienen Anmerkungen dazu, über den Text hinauszuweisen. Solche Anmerkungen erzeugen i.a. einen guten Eindruck, weil sie die Belesenheit des Verfs. belegen, ohne den Text der Arbeit zu überfrachten. So können sie z.B. auf Einschränkungen des im Text Vorgebrachten hinweisen. Weiterhin können sie ein unterstützendes Zitat enthalten, das im Text gestört hätte, oder auch die Übersetzung eines Zitats (Eco 2007: 211-212). Auch umfängliche Literaturangaben sollten in Anmerkungen ausgelagert werden, da sie sonst den Text in kleine, schlecht lesbare Teile zerschneiden. Es versteht sich von selbst, dass wesentliche Informationen wie z.B. die Zielsetzung der eigenen Arbeit nicht in die Anmerkungen, sondern in den eigentlichen Text gehören.

Schlecht:	Der Ausdruck Phonaesthem bezeichnet Lautkombinationen (und einzelne Laute, vgl. u. a. Anderson 1998: 224-240; Hinton, Nichols & Ohala 1994; Householder 1946; Firth 1930: 184-187), die über das Vorkommen in bedeutungsähnlichen Wörtern mit einer bestimmten Bedeutung assoziiert werden (vgl. Sadowski 2001; Fischer 1999: 129-131; Waugh 1994: 58-59; Käsmann 1992; Bolinger 1965: 197; Firth 1930: 184-187).
Besser:	Der Ausdruck Phonaesthem bezeichnet Lautkombinationen oder Einzellaute, die über das Vorkommen in bedeutungsähnlichen Wörtern mit einer bestimmten Bedeutung assoziiert werden.[1]

[1] Vgl. Anderson (1998: 224-240), Bolinger (1965: 197), Fischer (1999: 129-131), Firth (1930: 184-187), Hinton, Nichols & Ohala (1994), Householder (1946), Käsmann (1992), Sadowski (2001), Waugh (1994: 58-59).

In größeren Arbeiten kann entweder zwischen Inhaltsverzeichnis und Textteil oder im Anhang eine **Übersicht über Tabellen und Abbildungen** sowie ein **Abkürzungsverzeichnis** und **Glossar** und gegeben werden. Abkürzungsverzeichnis und Glossar können vor allem in interdisziplinären Arbeiten nützliche Bestandteile der Arbeit sein. Hier werden Termini erläutert, welche in interdisziplinären Bereichen der Linguistik üblich sind, jedoch dem mit einem Spezialgebiet wie Neurolinguistik oder Entwicklungspsycholinguistik weniger vertrauten Leser Schwierigkeiten bereiten könnten.

Zum Schluss ein Beispiel für die Gliederung einer psycholinguistischen Untersuchung der Entwicklung von Kasus und Numerus in der griechischen Kindersprache:

1 Einleitung
2 Das griechische Kasus- und Numerussystem
3 Die Daten
4 Quantitative Methoden der Entwicklung der Nominalflexion
    4.1 Miniparadigmen
    4.2 Percentage of Base Forms (PBF)
5 Funktionale Analyse der Entwicklung der Nominalflexion
    5.1 Die Entwicklung der Kasus
    5.2 Die Entwicklung des Numerus
6 Zusammenfassung und Diskussion der Ergebnisse

In der Einleitung werden Themenstellung und theoretischer Analyseansatz behandelt, nämlich die Beschreibung der Entwicklung von Kasus- und Numerusformen des Nomens und deren Funktionen in der griechischen Kindersprache nach dem Modell der gebrauchsorientierten Sprach- und Grammatiktheorie. Weiterhin werden bisherige Erkenntnisse über die Ontogenese von Kasus und Numerus im Griechischen und, soweit relevant, in anderen Sprachen besprochen. Anschließend werden auf der Grundlage des Forschungsstandes die Fragestellung und die Analyseziele der eigenen Arbeit vorgestellt: Entwickeln sich die Kasusoppositionen für die grammatische Kategorie des Nomens allgemein oder innerhalb einzelner genusabhängiger Flexionsmuster? Lässt sich eine allgemeine Erwerbsreihenfolge der griechischen Kasus aufstellen oder geht die Entwicklung von einzelnen Nomina aus und gewinnt innerhalb von Flexionsklassen bzw. Genera an Systematizität? Entwickelt sich der Numerus vor dem Kasus oder umgekehrt bzw. ist die Entwicklungsreihenfolge in verschiedenen Genusklassen verschieden?

In Kapitel 2 des Beispiels werden die wesentlichen Charakteristika der griechischen Nominalflexion skizziert (Genus, Kasus, Numerus; Flexionsmuster; Kasusfunktionen), sodass auch des Griechischen unkundige Leser die im Hauptteil vorgestellte Datenanalyse verstehen können. Darauf folgt in Kapitel 3 die Vorstellung der Daten, auf denen die Analyse beruht. Hier werden Informationen über Art und Menge der Daten (experimentelle Daten oder Beobachtungsdaten), Anzahl, Alter, Geschlecht und ggf. soziale Schichtzugehörigkeit der Probanden gegeben. Bei beoachtenden Longitudinaldaten wird ggf. die durch die Erwachsenen an das Kind gerichtete Sprache einbezogen. Für das sprachliche Verhalten irrelevante Informationen wie die Anzahl der Einwohner der Ortschaft, in der die Probanden leben, unterbleiben. Kapitel 4 und 5 bilden den Hauptteil dieser empirischen Arbeit. Beide Kapitel sind in Unterkapitel gegliedert, die einerseits die verwendeten Methoden der quantitativen Analyse betreffen und andererseits die Analysebereiche von Kasus und Numerus. Die Datenanalyse muss in diesem Teil der Arbeit abgeschlossen werden. Das Schlusskapitel fasst die Ergebnisse der Arbeit unter Bezugnahme auf die in der Einleitung angeführten Fragestellungen zusammen und vergleicht die Ergebnisse mit solchen anderer Untersuchungen zum Griechischen bzw. zu anderen Sprachen.

7 Stil und sprachliche Form

Nicht einmal Muttersprachler können sich darauf verlassen, die deutsche Sprache in ausreichendem Maße zu beherrschen, um die schwierige Aufgabe der Erstellung wissenschaftlicher Texte ohne Hilfsmittel bewältigen zu können. Darüber hinaus kann der häufige Umgang mit englischsprachigen Texten, der heute in der Sprachwissenschaft unumgänglich ist, einer idiomatischen deutschen Ausdrucksweise abträglich sein. Die Benutzung des *Duden* oder vergleichbarer Werke zu Wortschatz und Phraseologie, Grammatik und der neuen Rechtschreibung ist deshalb für jeden, der einen wissenschaftlichen Text verfassen möchte, ein absolutes Muss (zu Vorschlägen für die Handbibliothek s. Kap. 10.6). Nach Möglichkeit sollte jeweils die neueste überarbeitete Auflage solcher Werke benutzt werden (zur Rechtschreibung s. Kap. 7.3).

Während es unbestritten ist, dass die **sprachliche Form** wissenschaftlicher Arbeiten der Struktur der deutschen Hochsprache folgen muss, gibt es für den **Stil** keine allgemein verbindlichen Richtlinien und auf Stilfragen keine eindeutigen Antworten. Dennoch empfiehlt es sich, gewisse Konventionen zu befolgen, damit dem Leser die Lektüre eines wissenschaftlichen Textes nicht unnötig erschwert wird und für ihn möglichst angenehm ist. Auch Arbeiten, die zunächst als Prüfungsarbeiten eingereicht werden, später jedoch veröffentlicht werden wie z.B. Dissertationen oder hervorragende Masterarbeiten, sollten von vornherein im Hinblick auf einen größeren Leserkreis verfasst werden.

Leider ist die ideale Konstellation eines schreibenden Schülers und eines die einzelnen Vorformen einer wissenschaftlichen Arbeit korrigierenden Lehrers, wo der Schüler aus den eigenen Fehlern lernen kann, selten geworden. Auch in diesem Kapitel soll durch die vielen – zwar nicht erfundenen, aber meist nachempfundenen – Beispiele sozusagen stellvertretend eine gewisse Hilfe bei der Vermeidung von Fehlern angeboten werden, die schon einmal begangen worden sind.

7.1 Stil und sprachwissenschaftliche Ausdrucksweise

In jeder Sprache gibt es verschiedene **Stilebenen**, die in unterschiedlichen Kommunikationssituationen angemessen sind. Sowohl in mündlich als auch in schriftlich dargebotenen wissenschaftlichen

Texten ist ein eher förmlicher Stil zu wählen, weil ein salopper, umgangssprachlicher Stil den Zielen des wissenschaftlichen Diskurses kaum gerecht zu werden vermag. Um dem Leser oder Zuhörer komplexe Sachverhalte vermitteln zu können, ist eine klare und prägnante Ausdrucksweise erforderlich. Ein „lockerer", unpräziser Stil ist nicht einmal in einem mündlichen Vortrag wie z.b. einem Referat dazu geeignet, die Zuhörer zu gewinnen, und könnte sogar auf die fachliche Unsicherheit des Verfs. schließen lassen. Selbstverständlich muss eine schwülstige, prätentiöse Ausdrucksweise ebenfalls vermieden werden, denn sie beeinträchtigt nicht zuletzt das Textverständnis. Es gilt also die Devise: Das klar Gedachte präzise und möglichst einfach ausdrücken, allerdings mit einer der gedanklichen Komplexität angemessenen sprachlichen Dichte, die im mündlichen Vortrag weniger ausgeprägt ist als in schriftlichen Texten. Oder wie Eco (2007: 183) anführt: „Von wenigen Ausnahmen abgesehen [schreiben große Gelehrte] immer ganz klar [...] und [...] genieren [sich nicht], alles gut zu erklären."

Der **mündliche Vortrag** (z.B. von Referaten im Seminar) muss es den Zuhörern ermöglichen, dem Gedankengang des Vortragenden unmittelbar zu folgen. Deshalb benötigt der Zuhörer mehr Identifikationshilfen als der Leser. So wird man im mündlichen Vortrag etwa mit pronominaler Anapher (z.B. dem Gebrauch von Personalpronomina) sparsamer umgehen als in der schriftlichen Darlegung. Auch wählt man hier i.a. kürzere Sätze als in schriftlichen Texten und verbindet einzelne Aussagen öfter parataktisch (reihend) als hypotaktisch (unterordnend) miteinander. Weiterhin nützt es den Zuhörern, wenn man wichtige, schon besprochene Sachverhalte später im Vortrag kurz wiederholt (z.B. ‚wie schon erwähnt' oder ‚wie ich vorhin erläutert habe'). Während im mündlichen Vortrag indirekte Appelle an die Zuhörer möglich sind, wirken diese im schriftlichen Stil eher störend. Die **schriftliche wissenschaftliche Darlegung** zeichnet sich gegenüber dem mündlichen Vortrag vor allem durch einen komplexeren Satzbau aus, der es ermöglichst, die einzelnen Gedanken zu „Gedankenpaketen" zusammenzuschnüren, indem durch Hypotaxe oder Parataxe verschiedene Arten der Beziehung zum Ausdruck gebracht werden. Hier ein Beispiel für die beiden Modalitäten:

Mündlicher Text
Diese Vorbemerkung hat natürlich ihren guten Grund. Das von den Grammatiken vorgelegte Tempussystem des Aymara wird nämlich in Texten nur zu einem ganz geringen Teil umgesetzt. Das, was natürlich

jeden Linguisten, der mit Texten arbeitet, interessiert, ist vor allem die Tempusvariation. Manche Texte des Aymara benutzen nur eine einzige der existierenden Tempusformen. Dagegen wimmelt es nur so von anderen Suffixen sehr unterschiedlicher Bedeutungen. Der Verdacht liegt nahe, dass sie erzähltechnische und textkonstituierende Funktionen haben.

Schriftlicher Text
Diese Vorbemerkung ist dadurch begründet, dass das von den Grammatiken vorgelegte Tempussystem des Aymara in Texten nur zu einem ganz geringen Teil umgesetzt wird. Was den mit Texten arbeitenden Linguisten interessiert, ist vor allem die Tempusvariation. Manche Texte des Ay. benutzen aber nur eine einzige der existierenden Tempusformen. Dagegen kommen gehäuft andere Suffixe sehr unterschiedlicher Bedeutungen vor. Wie zu zeigen sein wird, haben diese erzähltechnische und textkonstituierende Funktionen.

Die dem Adressaten wissenschaftlicher Texte zu übermittelnde Information muss nicht nur inhaltlich möglichst klar sein, sondern auch klar ausgedrückt werden. Eine schwülstige, prätentiöse Ausdrucksweise ist kein Zeichen eines guten wissenschaftlichen Stils, weil sie den Inhalt eher verschleiert als klärt, wie die folgenden „schlechten" Beispiele zeigen.

Schlecht: Im Gegensatz zu diesem hinsichtlich seiner historischen Prominenz als klassisch zu beurteilendem Ansatz steht die ‚moderne' Ansicht der sog. ‚Prototypentheorie'.
Besser: Dem klassischen Ansatz der Kategorisierung steht die moderne Prototypentheorie gegenüber.

Schlecht: Einen weiteren Punkt, dessen Fehlen in diesem Werk auffällt, bildet die Beschreibung von Wortbildungsmechanismen.
Besser: In diesem Werk werden Wortbildungsverfahren trotz ihrer Relevanz für die derzeitige Entwicklung von Gebärdensprachen nicht behandelt.

Anstatt den Leser zu beeindrucken, zeigt das folgende Beispiel, dass hier nicht klar Durchdachtes zu Papier gebracht wurde. Eine solch prätentiöse Ausdrucksweise demonstriert zudem die allzu hohe Meinung des Verfs. von sich selbst.

Schlecht: Die Kinder bemühen sich also um eine scharfe Trennung von
Singular- und Pluralschemata. Ein Bewusstsein für die Unschärfe des menschlichen Geistes ist demnach einer höheren Entwicklungsstufe zuzuordnen, und vielleicht ist Sprache auch nichts anderes als der Versuch, unsere mentale
Unschärfe punktuell zu beschreiben.

Der Klarheit und damit der Lesbarkeit des Textes ebenfalls abträglich
ist ein weitschweifiger, **pleonastischer Stil**. Hier mangelt es oft an der
erforderlichen Durchdachtheit des Inhalts und Prägnanz der Ausdrucksweise, worunter nicht zuletzt die Informativität des Textes leidet.

Schlecht: Als Funktionen gebärdensprachlicher Mundbilder werden in
diesem Werk fünf unterschiedliche Aufgaben beschrieben.
Besser: In diesem Werk werden fünf verschiedene Funktionen gebärdensprachlicher Mundbilder beschrieben.

Schlecht: Ikonizität kann in Gebärdensprachen auf allen Ebenen des
Sprachsystems nachgewiesen und beschrieben werden.
Besser: Ikonizität lässt sich in Gebärdensprachen auf allen Ebenen
des Sprachsystems nachweisen.

Auch eine **tautologische Ausdrucksweise** (z.B. ‚deiktisches Zeigen') sowie übertrieben deutliche Formulierungen gehen auf Kosten
der Informativität des Textes. Wissenschaftliche Studien gehen eine
Fragestellung typischerweise ‚gezielt' und ‚systematisch' an:

Schlecht: Gezielte Studien zum systematischen Vergleich von Hand-
form- und Handstellungsersetzungen in der Griechischen
Gebärdensprache stehen noch aus.
Besser: Studien zum Vergleich von Handform- und Handstellungsersetzungen in der Griechischen Gebärdensprache stehen
noch aus.

Schlecht: Inwieweit die sog. Universalgrammatik im Zweitspracherwerb eine Rolle spielt, konnte bis heute von der nativistisch
ausgerichteten Forschung nicht entschieden werden, also
weder nachgewiesen noch widerlegt werden.
Besser: Inwieweit die sog. Universalgrammatik im Zweitspracherwerb eine Rolle spielt, konnte bis heute von der nativistisch
ausgerichteten Forschung nicht entschieden werden.

Oder: ... konnte bis heute von der nativistisch ausgerichteten For-
              schung weder nachgewiesen noch widerlegt werden.

Durch die wiederholte Betonung der Wichtigkeit von Phänomenen
und Argumenten schwächt man diese paradoxerweise ab. Oft ist weniger tatsächlich mehr:

Schlecht: Abschließend muss noch auf eine weitere wichtige Funktion
              der Determinierer eingegangen werden, die für die spätere
              Betrachtung der Textstruktur von großer Bedeutung ist.
Besser: Abschließend muss noch auf eine weitere Funktion der De-
              terminierer eingegangen werden, die für die spätere Be-
              trachtung der Textstruktur von Bedeutung ist.

Eine eher **feuilletonistische Ausdrucksweise**, die beispielsweise
durch Wortspiele, Ambiguität oder verfremdete Zitate gekennzeichnet ist und mehr an die Intuition als an den Verstand appelliert, ist in
wissenschaftlichen Darlegungen fehl am Platze, weil auch sie auf
Kosten der Klarheit und Informativität geht. So erinnern die folgenden Kapitelüberschriften mehr an den ‚Bericht aus Berlin‘, als
dass sie den Inhalt der Kapitel genau charakterisieren.

Schlecht: Oppositionen oder die Verschiedenheit der Ansichten
Besser: *Item-and-Process*-Modell und Schemamodell

Schlecht: Konfrontation oder die neue Sicht der Dinge
Besser: Kritische Wertung der beiden theoretischen Ansätze

Schlecht: Differenzen oder die Verschiedenheit natürlicher Sprachen
Besser: Die Pluralmarkierung im Englischen und Deutschen

Wie in jeder wissenschaftlichen Arbeit verwendet man auch in einer
sprachwissenschaftlichen Untersuchung **Fachbegriffe**, die unter bestimmten Voraussetzungen definiert werden müssen (s. Kap. 6.2).
Wenn Begriffe einerseits in der Umgangssprache vorkommen, andererseits aber auch als sprachwissenschaftliche Fachtermini dienen,
muss deutlich werden, ob sie in der Arbeit als technische Termini
benutzt werden oder nicht. Dies bleibt in den folgenden „schlechten“
Beispielen zumindest für solche Leser unklar, die nicht mit den entsprechenden Theorien vertraut sind.

Schlecht: In der Zeichentheorie von Ch. S. Peirce sind arbiträre sprachliche Zeichen Symbole, weil die Beziehung zwischen Aus-
druck und Inhalt konventionell festgelegt ist.

Besser: Sprachliche und andere kulturelle Zeichen sind Symbole,
insofern sie für etwas Gemeintes stehen (z.B. dt. *Tisch* für
‚Tisch'; die Taube für den Frieden). In der Zeichentheorie von
Ch. S. Peirce ist der Begriff ‚Symbol' jedoch arbiträren
sprachlichen Zeichen vorbehalten, von denen Ikone und In-
dizes unterschieden werden.

Schlecht: Nach Köpcke (1998) greift das Kind bei der Markierung des
Plurals auf schematische Muster zurück.

Besser: Nach Köpcke (1998) greift das Kind bei der Markierung des
Plurals auf sog. Schemata zurück. Hierunter versteht man
...

Es muss auch beachtet werden, dass die Bedeutung sprachwissenschaftlicher Termini sich von derjenigen verwandter umgangssprachlicher Wörter unterscheidet.

Die Arbitrarität des sprachlichen Zeichens beinhaltet keine arbiträre Zei-
chenauffassung.

Fachbegriffe aus anderen wissenschaftlichen Disziplinen dürfen in
einer sprachwissenschaftlichen Arbeit nicht umgangssprachlich verwendet werden. Das gilt für statistische Fachtermini wie ‚Statistik'
(statt ‚Übersicht'), ‚Korrelation' (statt ‚Beziehung'), ‚signifikant'
(statt ‚stark', ‚sehr', ‚erheblich'), wenn in der sprachwissenschaftlichen Arbeit auf statistische Untersuchungen verzichtet wird. Auch
psychologische Termini wie ‚konditionieren' dürfen nicht unbedacht
benutzt werden. Geradezu ärgerlich ist die umgangssprachliche Ver-
wendungsweise von ‚logisch' in wissenschaftlichen Texten.

Schlecht: Die Anzahl der Substantive im Lexikon der vier Kinder unterscheidet sich nicht signifikant.

Besser: Die Anzahl der Substantive im Lexikon der vier Kinder unterscheidet sich nicht erheblich.

Schlecht: Wörter, die sich sowohl lautlich als auch inhaltlich ähneln,
konditionieren im Sprecher/Hörer eine bestimmte Lautket-
ten-Inhaltsassoziation.

Besser:	Wörter, die sich sowohl lautlich als auch inhaltlich ähneln, bewirken beim Sprecher/Hörer eine bestimmte Assoziation zwischen Lautkette und Inhalt.

Schlecht:	Diese durchaus logisch erscheinende Argumentation müsste empirisch abgesichert werden.
Besser:	Diese durchaus schlüssig erscheinende Argumentation müsste empirisch abgesichert werden.

Bei Fachbegriffen kann der Gebrauch von **Synonyma** zur Verwirrung des Lesers führen, weil er versuchen wird, zwischen ihnen einen Bedeutungsunterschied zu erkennen (z.B. ‚Kontrast' neben ‚Opposition' zur Bezeichnung paradigmatischer Gegensätze; engl. *grammaticalization* neben *grammaticicization* ‚Grammatikalisierung'). Hier ist also stilistische Variation unangebracht.

Besondere Vorsicht ist bei der Übersetzung oder **Eindeutschung englischer Termini** angebracht. So dürfen die für englische wissenschaftliche Texte charakteristischen Wörter romanischen Ursprungs nicht einfach ins Deutsche übernommen werden, da sie hier oft eine andere Bedeutung haben. Im zweiten der folgenden Beispiele führt die falsche deutsche Übersetzung zu einem in diesem Kontext unsinnigen psychologischen Fachbegriff.

Schlecht:	Ein dem Plural ähnliches Segment erscheint stammfinal in singulären Formen.
Besser:	Ein dem Plural ähnliches Segment erscheint stammfinal in Singularformen.

Schlecht:	Die Allomorphe sind phonologisch konditioniert.
Besser:	Die Allomorphe sind phonologisch bedingt.

Ein häufig anzutreffender Fehler ist die Übersetzung des englischen Adjektivs *linguistic* durch *linguistisch*, unabhängig vom Kontext. Hier wird übersehen, dass man im Deutschen zwischen *linguistisch* (‚zur Sprachwissenschaft gehörig') und *sprachlich* (‚der Sprache eigen') unterscheidet, sodass *linguistic* bald durch *sprachlich* und bald durch *linguistisch* (oder *sprachwissenschaftlich*) wiederzugeben ist.

Falsch:	‚Dem Genitiv sein Tod' ist linguistisch falsch.
Richtig:	‚Dem Genitiv sein Tod' ist sprachlich falsch. Der ‚Tod' des Genitivs muss linguistisch untersucht werden.

Die Lektüre englischer sprachwissenschaftlicher Texte sollte nicht dazu verleiten, deutsche Fachbegriffe oder sogar umgangssprachliche Ausdrucksweisen durch **Lehnübersetzungen** zu ersetzen. So heißt es z.b. ‚Wortstellung' (nicht: ‚Wortordnung', von engl. *word order*), ‚mit anderen Worten', (nicht: ‚in anderen Worten', von engl. *in other words*), ‚auf englisch' (nicht: ‚in englisch', von engl. *in English*) und ‚sich auf negative Weise (nicht: ‚in negativer Weise') bemerkbar machen' bzw. besser ‚sich negativ bemerkbar machen'. Überhaupt sollte man sich bemühen, überall dort, wo dies nicht zu Missverständnissen führen kann, deutsche Termini zu benutzen (z.b. ‚fossilierte Form' (in Lernersprachen) statt *frozen form*). Von Roman Jakobson stammt ‚Ammensprache' statt *baby talk*.

Wenn man des **Lateinischen** unkundig ist, sollte man sich über Genus und Numerus lateinischer Termini und ihre Rechtschreibung informieren. Selbst fabrizierte lateinische Flexionsmuster und Genera wie z.b. **der Tempus, die* *Tempi[1] machen einen pseudogebildeten Eindruck:

> Lateinische Termini: *der Numerus* (Plural *Numeri*)
>   *das Tempus* (Plural *Tempora*)
>   *das Corpus* (Plural *Corpora*)

Es folgen einige häufig anzutreffende **Ausdrucks- und Konstruktionsfehler**. Um solche Fehler zu vermeiden, sollte ein deutsches Wörterbuch, das auch über Phraseologie Auskunft gibt, benutzt werden.

Bei der Wortwahl ist auf die **Wortbedeutung** zu achten:

- Während man ein <u>Argument</u> entkräften kann, kann eine <u>Argumentation</u> mehr oder weniger schlüssig sein.
- Gebärdensprachen nutzen ihr hohes ikonisches Potential ausgiebig (nicht: exzessiv).
- Die Liste morphologischer Ikone wäre beliebig (nicht: unendlich) erweiterbar.
- Zusammenfassend lässt sich feststellen (nicht: zeigt sich), dass ... (NB. In einer Zusammenfassung zeigt sich per def. nichts Neues.)

Von Substantiven abgeleitete Adjektive haben oft eine idiosynkratische Bedeutung, die sich von der Grundbedeutung der Basis unter-

---

[1]   Die musikwissenschaftliche Form *Tempi* ist als Pluralform von ital. *Tempo* ‚Zeitmaß' jedoch korrekt.

scheidet. Dies gilt auch für Verben, Adjektive und Adverbien, die von derselben Basis abgeleitet sind.

- Es stellt sich die Frage, ob sich die in der mündlichen Sprache inzwischen übliche Verbzweitstellung im *weil*-Satz auch auf geschriebene Texte auswirkt. Dies könnte z.B. beim Chatten der Fall sein (nicht: Dies ist deshalb fraglich, weil die Verbzweitstellung beim Chatten vorkommen könnte). Es ist allerdings fraglich, ob die Verbzweitstellung schon in formellen Texten vorkommt.
- Bei *klopfen* und *klappern* handelt es sich um gleich anlautende Wörter (nicht: gleich initiierte Wörter). NB. Projekte, nicht jedoch Wörter, können initiiert werden. Es gibt aber initiale (und finale) Lautverbindungen.
- Das griechische Kind erwirbt Kasusunterschiede zunächst nur bei Maskulina und Numerusunterschiede nur bei Neutra. Folglich (nicht: In der Folge) kann man nicht von einer generellen Entwicklung von Kasus und Numerus sprechen.

Irreführende und monströse **Wortbildungen** sind zu vermeiden:

- Wie diese beiden als Beispiele angeführten Studien (nicht: Beispielstudien) zeigen, ...
- Erwerb der Gebärdensprache als Erstsprache/Muttersprache (nicht: Erstgebärdenspracherwerb)

Verben und Substantive müssen in korrekten **Konstruktionen** verwendet werden:

- Kapitel 3 ist dem Forschungsstand zum Flexionserwerb gewidmet (nicht: widmet sich). <u>Aber:</u> Der Autor widmet sich in Kap. 3 dem Flexionserwerb.
- Hier wird eine Diskussion des Verhältnisses (nicht: zum Verhältnis) von Genus und Deklinationsklasse im Griechischen umgangen.

Lieblingswörter wissenschaftlicher Autoren wie ‚diskutieren' lassen sich nicht mit beliebigen Substantiven konstruieren: Während Phänomene beschrieben werden, lassen sich unterschiedliche Auffassungen diskutieren. Außerdem folgt z.B. eine mögliche Diskussion des Forschungsstandes dessen Darstellung:

Schlecht: Zunächst sind die Onomatopoetika zu diskutieren und anschließend andere lautmalende Wörter.

Besser: Nach der Behandlung der Onomatopoetika und anderer laut-
malender Wörter ist zu diskutieren, inwieweit letztere zu den
sprachlichen Ikonen gehören.

Der Ausdruck ‚von etwas ausgehen' ist in wissenschaftlichen Arbeiten möglichst zu vermeiden, weil es hier ja gerade nicht um nicht
weiter hinterfragte Vermutungen geht, sondern darum, unsere Kenntnis über die behandelten Phänomene durch eine genaue Analyse vor-
anzubringen.

Schlecht: Es ist stark davon auszugehen, dass ...
Besser: Es darf mit Sicherheit angenommen werden, dass ...

Weitere Beispiele für **stilistische Verstöße**:

Schlecht: Im Korpus habe ich praktisch keine solchen Verbformen gefunden.
Besser: Im Korpus kommen solche Verbformen kaum vor.

Schlecht: nichtsdestotrotz
Besser: nichtsdestoweniger/trotzdem

Schlecht: Allen (1996) nimmt folgende Kriterien als produktiv an.
Besser: Kriterien des produktiven Gebrauchs sprachlicher Kategorien
sind nach Allen (1996) die folgenden.

Schlecht: Wie gesagt, lässt sich diese Frage nicht eindeutig beantworten.
Besser: Wie oben dargelegt, ...

Wie in Kapitel 4.1 erwähnt, muss man mit den Leistungen anderer
Autoren respektvoll umgehen. Da Sprachwissenschaftlicher keine
Opern- oder Filmstars sind, klingt es despektierlich, sich mit *der
Köpcke* oder *die Berko* auf sie zu beziehen. Tut man dies ausschließ-
lich bei Frauen, ist es zudem sexistisch:

Schlecht: Aus einer neuerlichen Analyse der Daten der Berko schließt
Köpcke ...
Besser: Aus einer neuerlichen Analyse der Daten von Berko (*oder
besser:* von Berkos Daten) schließt Köpcke ...

Immer wieder anzutreffende **grammatische Verstöße** finden sich bei der Deklination der Termini *Verb* und *Morphem*. Es heißt richtig:

> *das Verb, des Verbs* (nicht: *des *Verbes*)
> *das Morphem, des Morphems* (nicht: *des *Morphemes*)

Schließlich noch eine Bemerkung zum Wörtchen ‚**usw.**'. Es sollte mit Rücksicht auf den Leser (oder Zuhörer) nur dort verwendet werden, wo es diesem leicht möglich ist, die angeführte Reihe zu verlängern.

> *Schlecht:* Das Finnische kennt eine große Anzahl von Kasus: Nominativ, Genitiv, Partitiv, Allativ usw.
>
> *Besser:* Das Finnische kennt eine große Anzahl von Kasus, nämlich grammatische Kasus wie z.B. Nominativ, Genitiv und Partitiv, Lokalkasus wie z.B. Allativ, Illativ und Inessiv und einige marginale Kasus wie z.B. den Komitativ.

7.2 Satzbau und Satzverknüpfung

Zwei Entscheidungen, ohne die kein Verfasser eines wissenschaftlichen Textes auskommt, betreffen die Art des Bezugs auf sich selbst und den Tempusgebrauch.

Für den **Bezug auf den Verfasser** einer Arbeit stehen auktoriales ‚ich' oder den Leser mit einschließendes ‚wir' zur Verfügung. Da in wissenschaftlichen Texten die persönliche Meinung des Verfassers gegenüber objektiven Argumenten in den Hintergrund tritt, ist die Ich-Perspektive i.a. zu vermeiden. Sie ist nur da angebracht, wo die wohl begründete persönliche Ansicht des Verfassers tatsächlich im Vordergrund steht.

> *Schlecht:* Angesichts des empirischen Charakters der Arbeit habe ich fast vollständig auf die Heranziehung von wissenschaftlicher Literatur verzichtet.
>
> *Besser:* Angesichts des prototypischen Charakters der Arbeit – die Schülersprache Esplugisch der Deutschen Schule in Barcelona (nach dem Vorort Esplugues de Llobregat benannt) wird hier zum ersten Mal sprachwissenschaftlich beschrieben – konnte nur allgemeinere Literatur zu Sprachkontakt, Mischsprachen etc. herangezogen werden.

Zwar lässt sich das **Passiv** wie in diesem Beispiel als stilistisches Mittel verwenden, um das Agens nicht nennen zu müssen und somit die Pronomina der 1. Person zu vermeiden, jedoch wirkt eine Häufung von Passivformen im Deutschen ungeschickt. Vor allem darf das Passiv nur in grammatisch korrekten Konstruktionen verwendet werden.

Schlecht: Dem Ablauf der Geschichte kann gut gefolgt werden.
Besser: Dem Ablauf der Geschichte kann man/lässt sich gut folgen.

Auktoriales **inklusives ‚wir'** darf nur da benutzt werden, wo der Einschluss des Lesers möglich und sinnvoll ist (z.B. ‚wie wir soeben gesehen haben', aber nicht ‚wie wir soeben gezeigt haben'[2]). Man sollte es aber maßvoll verwenden, da es sonst dreist wirken kann. Einige Möglichkeiten, die **Ich-Perspektive** unaufdringlicher als durch ein Pronomen der 1. Person zu vermitteln, sind ‚hierzu ist festzuhalten', ‚dem wäre noch hinzuzufügen', ‚mit Nachdruck muss der Auffassung widersprochen werden' (Poenicke 1988: 114; Andermann et al. 2006: 90).

Das vorherrschende Tempus wissenschaftlicher Arbeiten ist das **Präsens**. Auch in der Vergangenheit erzielte oder publizierte wissenschaftliche Ergebnisse gibt man i.a. im Präsens wieder, weil es nicht auf den Zeitpunkt ihrer Entstehung ankommt, sondern darauf, dass sie für die eigene Arbeit vorliegen und für sie genutzt bzw. in ihr vorgestellt werden. Man berichtet also sowohl über die Forschungsergebnisse anderer Wissenschaftler als auch über die eigenen im Präsens, weil der Leser vor allem an den Ergebnissen und weniger am Verlauf der Erkenntnisgewinnung interessiert ist.

Schlecht: Einen weiteren Beitrag zur Erforschung der Deutschen Gebärdensprache und der Gehörlosenkultur lieferte Boyes Braem (1992).

---

[2]   Bei einer Arbeit mit mehreren Verfassern kann das Pronomen ‚wir' sowohl exklusiv (den Leser ausschließend) als auch inklusiv (den Leser einschließend) verstanden werden. Das den Leser ausschließende auktoriale ‚wir' wirkt antiquiert (Standop & Meyer 2008: 249). Statt ‚wie wir in der Einleitung gezeigt haben...' schreibt man besser ‚wie wir in der Einleitung gezeigt wurde...'.

Besser: Einen weiteren Beitrag zur Erforschung der Deutschen Ge-
             bärdensprache und der Gehörlosenkultur liefert Boyes
             Braem (1992).

Schlecht: Das Kind erzählte die Geschichte länger und ausführlicher
             als zunächst erwartet. Bei genauerer Betrachtung stellte
             man jedoch fest, dass man den Zusammenhang der Ge-
             schichte zum großen Teil nur aus der Vorkenntnis der Bilder
             und ihrer Abfolge erkennen konnte.
Besser: Das Kind erzählte die Geschichte länger und ausführlicher
             als zunächst erwartet. Bei genauerer Betrachtung stellt man
             jedoch fest, dass sich der Zusammenhang der Geschichte
             zum großen Teil nur aus der Vorkenntnis der Bilder und ihrer
             Abfolge erkennen lässt.

Das **Imperfekt** zu Beginn des vorangehenden und des folgenden
Beispiels lässt sich verteidigen, weil hier einerseits explizit auf die
Datengewinnung Bezug genommen wird und andererseits eine mo-
dalisierte Aussage vorliegt, die sich auf die für Bamberg in der Vergangenheit bestehenden Möglichkeiten bezieht.

Schlecht: Auch hinsichtlich der Frösche, die am Ende der Bilderge-
             schichte vorkommen, konnte Bamberg (1994) keine klaren
             Ergebnisse [über den Artikelgebrauch] erlangen. Er hat dies
             auf die Tatsache zurückgeführt, dass es sich bei den Fröschen
             um eine gemischte Gruppe handelt, weil der entflohene
             Frosch sich unter den neu eingeführten Fröschen befindet.
Besser: Auch hinsichtlich der Frösche, die am Ende der Bilderge-
             schichte vorkommen, konnte Bamberg (1994) keine klaren
             Ergebnisse erlangen. Er führt dies auf die Tatsache zurück,
             dass es sich bei den Fröschen um eine gemischte Gruppe
             handelt, weil der entflohene Frosch sich unter den neu ein-
             geführten Fröschen befindet.
Oder: Auch hinsichtlich der Frösche, die am Ende der Bilderge-
             schichte vorkommen, erzielt Bamberg (1994) keine klaren
             Ergebnisse…

Weil ein zuvor gesammeltes Datencorpus für die Belange der eigenen
Arbeit vorliegt und es nicht auf seine Entstehung ankommt, berichtet
man i.a. auch über tatsächlich in der Vergangenheit liegendes sprachliches Verhalten im Präsens:

Im Alter von 3;0 Jahren benutzt [nicht: benutzte] das Kind im Deutschen häufig das Perfekt.

Wenn man das in der Vergangenheit beobachtete sprachliche Verhalten aber in der Vergangenheit beschreiben will, sollte man dies durchgängig tun und nicht in ein und demselben Absatz zwischen Imperfekt und Präsens hin- und herwechseln:

Schlecht: Nach dem Beginn der Nominalflexion zeigte sich bei allen Kindern eine Art ‚morphologische Explosion'. Diese beginnt bei Vanja und Liza einen Monat nach dem ersten Auftauchen der Opposition von Kasusformen.

Besser: Nach dem Beginn der Nominalflexion zeigt sich bei allen Kindern eine Art ‚morphologische Explosion'. Diese beginnt bei Vanja und Liza...

Oder: Nach dem Beginn der Nominalflexion zeigte sich bei allen Kindern eine Art ‚morphologische Explosion'. Diese begann bei Vanja und Liza...

Die Benutzung des Imperfekts zur Wiedergabe der Ergebnisse oder theoretischen Standpunkte anderer Wissenschaftler kann bei lebenden Autoren (Slobin im folgenden Beispiel) zu dem Missverständnis führen, sie hätten ihren Standpunkt inzwischen geändert:

Schlecht: Slobin (1966) und Gvozdev (1949) betonten, dass russische Kinder bei jeder Deklinationsklasse das hervorstechendste Flexionszeichen bevorzugen und ein weniger hervorstechendes durch dieses ersetzen.

Besser: Slobin (1966) und Gvozdev (1949) betonen, dass...

Selbst wenn eine Änderung der Ergebnisse oder theoretischen Standpunkte tatsächlich stattgefunden hat, ist die Benutzung des Präsens vorzuziehen, weil es nicht um einen Bericht über die chronologische Reihenfolge von Ereignissen geht, sondern um die aktuell wichtigen Resultate:

Während Slobin (1985) mit der *Basic Child Grammar* eine von der erworbenen Einzelsprache mehr oder weniger unabhängige frühkindliche Sprachstruktur vertritt, betont er inzwischen den frühen Einfluss der Muttersprache auf die kindliche Grammatik (Slobin 1997).

Will man in einen Bericht über die Literatur eine **zeitliche Kontur** einbauen, so müssen selbstverständlich die deutschen Regeln des Tempusgebrauchs beachtet werden.

Schlecht:	Nachdem Stephany & Christofidou (2008) den Stand der Debatte über die Beziehung zwischen Genus und Deklinationsklassen im Neugriechischen wiedergeben, erörtern sie die Verhältnisse in der griechischen Kindersprache.
Besser:	Nachdem Stephany & Christofidou (2008) den Stand der Debatte über die Beziehung zwischen Genus und Deklinationsklassen im Neugriechischen wiedergegeben haben, erörtern sie die Verhältnisse in der griechischen Kindersprache.
Noch besser:	Stephany & Christofidou (2008) geben zunächst den Stand der Debatte über die Beziehung zwischen Genus und Deklinationsklassen im Neugriechischen wieder und erörtern anschließend die Verhältnisse in der griechischen Kindersprache.

Eine weitere wichtige Entscheidung über die Struktur des einfachen Satzes ist die Häufigkeit der Verwendung von Nomina und Verben. Manche Autoren bevorzugen einen **Nominalstil**, d.h. die Verwendung nominaler anstelle verbaler Ausdrücke. Dieser Stil, der zu einer starken Häufung von Substantiven und vor allem Nominalisierungen sowie semantisch leeren Funktionsverben führt, wird von vielen Stilisten angeprangert (z.B. ‚eine Beschreibung liefern‘ statt ‚beschreiben‘; ‚die Produktivität gibt einen Hinweis auf die grammatische Entwicklung‘ statt ‚die Produktivität weist auf die grammatische Entwicklung hin‘).

Tatsächlich ist der Nominalstil in wissenschaftlichen Arbeiten oft angebracht, weil er es ermöglicht, Sachverhalte knapp und präzise auszudrücken. Dies trifft z.B. für Kapitelüberschriften oder Bezeichnungen von Tabellen und Abbildungen zu.

Schlecht:	Wie Lernende im Deutschen als Zweitsprache die Verbformen gebrauchen
Besser:	Der Gebrauch der Verbformen im Deutschen als Zweitsprache

Andererseits macht der übermäßige und oft unnötige Gebrauch des Nominalstils einen Text wenig konkret und ansprechend. Er klingt so, als hätte der Verf. mit dem Ausgesagten eigentlich nichts zu tun und als handele es sich um die Darstellung allgemeiner Wahrheiten. Da der Verf. einer wissenschaftlichen Arbeit aber viele Entscheidungen treffen muss, ist es viel ehrlicher das zuzugeben.

Schlecht: Jedoch verlangt die Funktion der Determinierer, die als Träger der grammatischen Disambiguierung dienen, eine Berücksichtigung dieser Wortart in der Beschreibung des griechischen Kasussystems.

Besser: Weil die Determinierer der grammatischen Disambiguierung dienen, müssen sie in der Beschreibung des griechischen Kasussystems berücksichtigt werden.

Hier ein Beispiel für schwerfällige **Nominalisierungen mit Funktionsverb**:

Schlecht: Kinder weisen in ihrem Wortschatz nicht die aufgrund dieser Theorie zu vermutende Überrepräsentanz ikonischer Zeichen auf.

Besser: Ikonische Zeichen sind jedoch im Wortschatz von Kindern nicht überrepräsentiert, wie nach dieser Theorie zu vermuten wäre.

Da eine Nomen-Verb-Verbindung oft eine andere Bedeutung hat als ein einfaches Verb, sind beide Konstruktionen nicht immer austauschbar (z.B. ‚Verf. bringt in diesem Werk seine Zweifel am Nativismus zum Ausdruck', aber nicht: ‚Verf. drückt in diesem Werk seine Zweifel am Nativismus aus') (vgl. Standop & Meyer 2008: 236-237).

Wie in Kapitel 7.1 angeführt, ist eine hypotaktische, **integrierende Satzstruktur** ein typisches Kennzeichen der Schriftsprache. Hierdurch werden Sätze, die aufeinander bezogene Aussagen machen, zu sog. „Satzpaketen" verschnürt:

Schlecht: Die Zeichenbedeutung wird von Saussure als mentale Vorstellung definiert. Die mentale Vorstellung des Zeicheninhalts im Bewusstsein des Senders wird von Peirce nicht als Teil des Zeichens angesehen.

Besser: Während Saussure die Bedeutung des sprachlichen Zeichens als mentale Vorstellung des Sprechers definiert, betrachtet Peirce Letztere nicht als Teil des sprachlichen Zeichens.

Die Schriftsprache zeichnet sich generell durch eine komplexere Syntax aus als die mündliche Umgangssprache. Ein rein **parataktischer Stil**, in welchem lauter Hauptsätze unverbunden aneinander gereiht werden oder parataktische Satzgefüge (durch ‚und' verbundene Hauptsätze) vorherrschen, ist im schriftlichen wissenschaftlichen Diskurs fehl am Platze. Vielmehr ist eine integrierende, entsprechend „dichte" Formulierung nötig, die dem Leser die Gedanken nicht einzeln präsentiert, sondern die Zusammenhänge zwischen diesen verdeutlicht. Dies lässt sich vor allem durch **hypotaktische Konstruktionen** erreichen. Sie erleichtern es dem Leser, gedankliche Zusammenhänge zu erkennen und dem Argumentationsgang zu folgen. Einfache Regeln, wie die in manchen Schulbüchern zu findenden oder auch von Lehrern geäußerten ‚Vermeide einen parataktischen Stil' oder im Gegenteil ‚Drücke dich einfach aus und vermeide Hypotaxe' sind falsch. Zu empfehlen ist vielmehr eine Mischung aus Parataxe und Hypotaxe, wobei das Zustandekommen eines klaren und verständlichen Textes oberstes Ziel sein muss.

Wichtige Gedanken sollten **Hauptsätze** beanspruchen und nicht in Nebensätze abgeschoben werden:

Schlecht: Das Miniparadigma ist eine Einheit, mit der sich die Produktivität kindlicher Flexionsmuster beschreiben lässt.

Besser: Mit der Einheit des Miniparadigmas lässt sich die Produktivität kindlicher Flexionsmuster beschreiben.

Selbstverständlich sind nicht nur aneinander gereihte kurze Hauptsätze zu vermeiden, sondern ebenso mit Parataxe und Hypotaxe überfrachtete „Bandwurmsätze", die sich über mehr als fünf oder sechs Zeilen erstrecken und so die Verständlichkeit des Textes beeinträchtigen.

Die Neigung zu parataktischem Stil ist angesichts der Komplexität der auszudrückenden Sachverhalte eine Begleiterscheinung der ersten Rohschrift wissenschaftlicher Texte. Der Text muss deshalb so umgestaltet werden, dass er den Erfordernissen eines geschriebenen wissenschaftlichen Textes entspricht. Dadurch, dass die **Hypotaxe** in solchen Texten eine große Rolle spielt, steigt die syntaktische Komplexität und damit zugleich die Geschwindigkeit und Genauigkeit des Informationsflusses (vgl. Givón 1990: 948-949). Wenn man glaubt, sich diese Mühe sparen zu können, bürdet man es dem Leser auf, sich mühsam den Sinn des Textes zu erschließen. Hier zwei Beispiele für einen parataktischen Stil, der es weitgehend (bzw. im zweiten Beispiel ausschließlich) dem Leser überlässt, die Zusammenhänge zwischen den aufeinander folgenden Sätzen herzustellen:

Schlecht: Die Lautbegleitende Gestik (LBG) ist eine gestische Kommunikationsform, die ausschließlich der Übertragung lautsprachlich kodierter Inhalte in die gestische Modalität dient. Sie wird treffender „gebärdete Lautsprache" genannt (Boyes Braem 1992). Sie verfügt über ein begrenztes Inventar an unveränderbaren Gesten. Jede Geste repräsentiert dabei ein Lexem der Lautsprache. Grammatische Formen und deren Funktionen bleiben unberücksichtigt. Die Anordnung der Gesten entspricht stets der Wortstellung der lautsprachlichen Vorlage. Insgesamt kann die LBG folglich nicht als Sprache verstanden werden.

Besser: Die Lautbegleitende Gestik (LBG) ist eine gestische Kommunikationsform, die ausschließlich der Übertragung lautsprachlich kodierter Inhalte in die gestische Modalität dient und treffender als „gebärdete Lautsprache" bezeichnet wird (Boyes Braem 1992). Sie verfügt über ein begrenztes Inventar an unveränderbaren Gesten, von denen jede ein Lexem der Lautsprache repräsentiert, wobei grammatische Formen und deren Funktionen unberücksichtigt bleiben. Da auch die Anordnung der Gesten der Wortstellung der lautsprachlichen Vorlage entspricht, kann die LBG insgesamt nicht als eigene Sprache verstanden werden.

Schlecht: Im Alter zwischen 3 und 5 Jahren wird der indefinite Artikel von deutschsprachigen Kindern immer häufiger benutzt. Der definite Artikel zur Einführung von Personen wird nicht mehr so oft gebraucht.

Besser: Im Alter zwischen 3 und 5 Jahren wird zur Einführung von Personen bei deutschsprachigen Kindern immer häufiger der indefinite Artikel benutzt, während die Benutzung des definiten Artikels in dieser Funktion entsprechend abnimmt.

Neben der Hypotaxe bietet der **implizite Ausdruck** von Gedanken eine weitere Möglichkeit ihrer Integration. So impliziert der einzige Satz der korrigierten Fassung des folgenden Beispiels die Tatsache, dass sich der Verf. mit der griechischen Kindersprache beschäftigt:

Schlecht:	Die vorliegende Arbeit beschäftigt sich mit dem Erwerb des Griechischen als Muttersprache. Es wird auf der Grundlage einer kritischen Auseinandersetzung mit bereits vorhandenen Beschreibungen zunächst eine Bestandsaufnahme unseres Wissens in diesem Bereich erstellt.
Besser:	In der vorliegenden Arbeit wird auf der Grundlage einer kritischen Auseinandersetzung mit bereits vorhandenen Beschreibungen zunächst eine Bestandsaufnahme unseres Wissens über den Erwerb der griechischen Kindersprache erstellt.

Sprachliche Mittel, die dem **Ausdruck gedanklicher Zusammenhänge** dienen, sind neben verschiedenen Typen von Konjunktionen (z.B. kausal: ‚weil‘, ‚denn‘; konsekutiv: ‚sodass‘; konditional: ‚wenn‘, ‚sofern‘; konzessiv: ‚obgleich‘; final: ‚damit‘; adversativ: ‚während‘, ‚(wo)hingegen‘) auch Adverbien oder adverbiale Ausdrücke (z.B. kausal: ‚deshalb‘, ‚deswegen‘, ‚nämlich‘; konzessiv: ‚trotzdem‘; adversativ: ‚hingegen‘, ‚im Gegensatz dazu‘).

Außer durch Parataxe und Hypotaxe werden Prädikationen durch **anaphorische Techniken** zu größeren Texteinheiten verknüpft. Wie in jedem Text muss auch in wissenschaftlichen Darlegungen darauf geachtet werden, dass der Leser auf die Referenten nominaler Ausdrücke Zugriff hat. Wenn dieser Zugriff nicht gewährleistet ist, müssen Referenten indefinit eingeführt werden:

Schlecht:	3.4 Versuchspersonen Die verschiedenen Merkmale ihrer Sprachentwicklungsverzögerung führten letztendlich zur Auswahl dieser beiden Kinder aus den etwa 25 Kindern der Einrichtung. Es wurden ein Junge und ein Mädchen ausgewählt, die beide dieselbe Kindergartengruppe besuchten.
Besser:	3.4 Versuchspersonen Die verschiedenen Merkmale ihrer Sprachentwicklungsverzögerung führten letztendlich zur Auswahl eines Jungen und eines Mädchens aus den etwa 25 Kindern der Einrichtung. Beide besuchten dieselbe Kindergartengruppe.

Im folgenden Beispiel wird der Referent ‚Georgisch‘ definit eingeführt, weil es nur eine georgische Sprache gibt. Anders als in der „schlechten" Fassung bezieht man sich auf in den Text bereits eingeführte Referenten durch Pronomina, wenn das Antezedens leicht erschließbar ist, also z.b. im unmittelbar vorangegangen Satz steht. Ist das Bezugswort weiter entfernt, nimmt man den Referenten durch eine definite Nominalphrase wieder auf.

Schlecht: In diesem Kapitel sollen die wichtigsten Strukturelemente des Georgischen skizziert werden. Die wichtigsten Ausdrucksmittel des Georgischen sind...

Besser: In diesem Kapitel sollen die wichtigsten Strukturelemente des Georgischen skizziert werden. Diese sind...

Bei der Texterstellung kommt es in unmittelbar aufeinander folgenden oder nah beieinanderstehenden Sätzen leicht zur **Wiederholung** von Wörtern, vor allem von Konjunktionen und Adverbien, aber oft auch von Verben und Nomina. Diese müssen bei der stilistischen Überarbeitung des Textes, so weit wie möglich, entsprechend ersetzt werden (mit Ausnahme von Fachbegriffen; s. Kap. 7.1). Dies gilt selbstverständlich auch für die Wiederholung ganzer Textpassagen (s. Kap. 6.2).

Schlecht: Dabei werden meist nur beispielhaft einige komplexe Verben beschrieben. Dabei werden die verschiedenen Formen der mimischen und bewegungsmodifizierenden Komponenten nicht berücksichtigt.

Besser: Meist werden in der Literatur zu Gebärdensprachen beispielhaft nur einige komplexe Verben beschrieben, wobei die verschiedenen Formen der mimischen und bewegungsmodifizierenden Komponenten nicht berücksichtigt werden.

Nicht explizite Darstellungen im **Telegrammstil**, die eher an Notizen in Zettelkästen erinnern als an einen argumentativen Text, sind in einer wissenschaftlichen Darlegung nicht zulässig, weil sie oft nicht eindeutig sind. Da wissenschaftliche Darlegungen als zusammenhängender Diskurs abzufassen sind, eignen sich auch vom Text abgesetzte Definitionen eher für private Lektürenotizen oder ein Lehrbuch als für eine wissenschaftliche Arbeit.

Schlecht: Symbol (nach Peirce): Ein Zeichen, bei welchem die Beziehung zwischen Form und Inhalt auf Konventionen der Nutzergemeinschaft beruht.

Besser: Das Symbol ist nach Peirce ein Zeichen, bei welchem die Beziehung zwischen Form und Inhalt auf Konventionen der Nutzergemeinschaft beruht.

Das Stilmittel der **rhetorischen Frage** sollte, wenn überhaupt, äußerst sparsam eingesetzt werden, weil zu zahlreiche solcher Fragen den mündigen Leser eher stören, als dass sie sein Interesse wecken.

In der deutschsprachigen Literatur zur Gestaltung wissenschaftlicher Arbeiten finden sich **weitere nützliche Hinweise** wie z.B. die folgenden[3]:

- Anstelle formelhafter Sätze wie ‚es ist offensichtlich, dass…‘ oder ‚hieraus folgt‘ lassen sich Adverbien wie ‚offensichtlich‘ bzw. ‚folglich‘ verwenden.
- Formulierungen wie ‚als Nächstes soll untersucht werden‘ oder ‚dabei ist hervorzuheben‘ sollten sparsam benutzt werden.
- Sätze wie ‚hier stellt sich ein entscheidendes Problem‘ oder ‚wir kommen nun zu einer wichtigen Frage‘ sind zu vermeiden.
- Füllwörter wie ‚ja‘, ‚natürlich‘, ‚wirklich‘, ‚eigentlich‘, ‚gewissermaßen‘ sind der Präzision des Inhalts wenig zuträglich.
- Um Hauptsätze überschaubar zu machen, werden Subjekt und Verb nicht zu weit auseinandergerissen.
- Dem Hauptsatz sollten möglichst nicht mehrere Nebensätze vorangestellt werden; es ist besser, sie ihm anzuhängen.
- Es sollte vermieden werden, alle Satzgefüge stereotyp mit dem Hauptsatz zu beginnen.
- Schachtelsätze mit mehrfach untergeordneten Nebensätzen sind unübersichtlich.
- Absätze sollten nicht zu lang (aber auch nicht zu kurz) sein und „stets eine gewisse Sinneinheit konstituieren" (Poenicke 1988: 116).

7.3 Rechtschreibung, Zeichensetzung und weitere formale Hinweise

Die **Rechtschreibung** hat sich in Deutschland nach den am 1.8.2007 in Kraft getretenen amtlichen Regeln der Rechtschreibreform zu richten. Deshalb müssen jetzt alle, die deutschsprachige Texte verfassen, Rechtschreibwerke benutzen, die auf dieser Grundlage neu bearbeitet sind wie z.B. die 24. Auflage von Band 1 des Duden *Die deutsche Rechtschreibung*.

---

[3] Vgl. Esselborn-Krumbiegel (2008), Krämer (1995), Moenninghoff & Meyer-Krentler (2008), Poenicke (1988), Andermann et al. (2006). Für weitere wertvolle Hinweise s. Standop & Meyer (2008: Anhang II).

Im Zusammenhang mit der Rechtschreibung von in sprachwissenschaftlichen Arbeiten verwendeten Ausdrücken sei auf Folgendes verwiesen:

Obwohl bei **Komposita** oft Zusammenschreibung neben Getrenntschreibung zugelassen ist, sollte man diese Wörter nicht unnötig durch Bindestriche „zerhacken" (nicht ‚Determinierer-Wahl', sondern ‚Determiniererwahl' (oder besser ‚Wahl des Determinierers'); nicht ‚Aufwärts- und Abwärts-Bewegung', sondern ‚Aufwärts- und Abwärtsbewegung'). Vor allem bei Fachbegriffen muss darauf geachtet werden, dass diese in einer Arbeit durchgängig entweder mit Bindestrich oder zusammengeschrieben werden (z.b. ‚Miniparadigma' oder ‚Mini-Paradigma').

Bindestrich und **Gedankenstrich** sind verschiedene Satzzeichen. Ersterer verbindet Wortteile und wird ohne Leerzeichen verwendet, letzterer begrenzt Texteinschübe und wird durch Leerzeichen vom Text getrennt (z.B. ‚Mini-Paradigma'; ‚der gleichzeitige – also nicht-lineare – Ausdruck von Wortinhalten').

Auch in wissenschaftlichen Texten werden gängige **Abkürzungen** benutzt, die entsprechenden Wörter also nicht ausgeschrieben (z.B. ‚sog.', nicht: ‚so genannte'). Man richtet sich hier nach dem Duden. Auf eine Abkürzung am Satzende folgt lediglich ein einziger Punkt (z.B. ‚Man konsultiere Lehrbücher, Grammatiken usw.').

Die Ausdrücke **‚siehe'** (‚s.') und **‚vergleiche'** (‚vgl.') sind nicht gleichbedeutend. ‚Siehe' kann man bei Verweisen auf Beispiele, Tabellen und Abbildungen benutzen, besonders wenn sich diese an anderen Stellen der eigenen Arbeit befinden; so z.B. ein in einem späteren Kapitel eingefügter Verweis auf Beispiel 3 in Kapitel 4: ‚(s. Beisp. 4.3)'. Bei Literaturangaben in Kurzzitierweise sollte auf ‚s.' verzichtet werden, weil es selbstverständlich ist (s. Kap. 5.4). ‚Vergleiche' (‚vgl.') kann sinnvoll sein, wenn auf mindestens zwei Werke verwiesen sind, in denen unterschiedliche theoretische Standpunkte vertreten werden, oder wenn Werke angeführt werden, in welchen ein Thema ausführlicher behandelt wird als in der eigenen Arbeit (s. Kap. 5.2). Weiterhin kann ‚vgl.' sinnvoll sein, wenn z.B. eine Abbildung oder eine Tabelle mit einer anderen der eigenen Arbeit verglichen werden soll.

In sprachwissenschaftlichen Arbeiten benötigt man verschiedene Arten von **Sonderzeichen**, wie z.B. phonetische Symbole, Klammern oder Pfeile. Dabei sollte man auf Symbole zurückgreifen, die in gängigen Fonts vorhanden sind, anstatt zu versuchen, sie anhand der Tastatur selbst herzustellen (z.B. ‚→', nicht: ‚-->') (s. Kap. 10.2).

Symbole, deren Bedeutung nicht als allgemein bekannt vorausgesetzt werden kann, müssen erläutert werden (s. Kap. 4.4).

Einheiten der lautlichen Ebene und Grapheme unterscheidet man folgendermaßen: **Grapheme** (Elemente der alphabetischen Schrift) stehen in spitzen Klammern, **Phoneme** (Elemente der phonologischen Transkription) in Schrägstrichen und **Phone** (Elemente der phonetischen Transkription) in eckigen Klammern.

> Das deutsche Phonem /p^f/ wird graphemisch als <pf> wiedergegeben und ist phonetisch eine labiale Affrikate [p^f].

> Im Deutschen wird die wortanlautende Konsonantenverbindung /ʃ/ plus /p/ oder /t/ <sp> bzw. <st> geschrieben. Der Explosiv ist in solchen Verbindungen unaspiriert (also z.B. [ʃpi:l], nicht *[ʃp^{h}i:l]).

Runde Klammern kann man beim Verweis auf Kapitel, Seitenzahlen, Beispiele oder Tabellen und Abbildungen verwenden: ‚wie Beispiel (3) zeigt...‘, ‚in Tabelle (1) erkennet man...‘, ‚(s. Kap. 4.1)‘, ‚(s. Beisp. 5)‘, ‚(s. Tab. 7)‘. Man vermeidet doppelte Klammern; also nicht: ‚(s. Kap. (4.1))‘.

Bei der **Nummerierung** von Kapiteln (und Unterkapiteln), Beispielen, Tabellen, Abbildungen und Anmerkungen sind arabische Ziffern vorzuziehen, weil sie besser lesbar sind als römische (s. Kap. 6.1). In kürzeren Arbeiten wie z.B. Bachelor- oder Masterarbeiten, wissenschaftlichen Aufsätzen für Zeitschriften oder Sammelbände werden alle Beispiele, Tabellen und Abbildungen jeweils durchgezählt; also Beispiel 1 bis *n*; Tabelle 1 bis *n*, Abbildung 1 bis *n*. In Büchern wie z.B. Dissertationen oder Habilitationsschriften ist es vorteilhafter, sie kapitelweise zu zählen. In diesem Fall können die Nummern der Beispiele, Tabellen und Abbildungen jeweils die entsprechende Kapitelnummer als erstes Element enthalten (‚Abb. 2.6‘ bedeutet also ‚Abbildung 6 in Kapitel 2‘). So lässt sich kurz und eindeutig auf in anderen Kapiteln angeführte Beispiele oder Tabellen verweisen.

Einheiten der Sprache, deren Analyse Gegenstand einer sprachwissenschaftlichen Arbeit ist (Objektsprache), setzt man **kursiv** (zur Darstellung sprachlicher Beispiele s. Kap. 4.4), nicht-deutsche Ausdrücke, die Teil der Metasprache sind, können auch in **einfache Anführungszeichen** gesetzt werden (zu Zitaten s. Kap. 5.3). In sprachwissenschaftlichen Arbeiten hebt man Beispiele oder Elemente derselben nur ausnahmsweise durch **Fettdruck** hervor. Für die Hervorhebung von Textstellen sollte man stilistischen Mitteln den Vorzug geben.

> Das Türkische hat zwei Pluralallomorphe, nämlich *-lar* und *-ler* (z.B. *adamlar* ‚Mensch-PL', *kedi-ler* ‚Katze-PL').
>
> Wie Tomasello (2003) zeigt, lässt sich die gebrauchsorientierte Sprachtheorie (*usage-based theory*) auf vielversprechende Art und Weise für den Erstspracherwerb fruchtbar machen.
> <u>Oder</u>: Wie Tomasello (2003) zeigt, lässt sich die gebrauchsorientierte Sprachtheorie (‚usage-based theory') ...

7.4 Korrekturlesen

Angesichts des hohen Komplexitätsgrads wissenschaftlicher Gedankengänge kann der Text einer wissenschaftlichen Arbeit nicht in einem einzigen Arbeitsgang erstellt werden, sondern muss unbedingt mehrmals überarbeitet werden. Dies ist nicht nur ein Dienst am Leser, sondern auch eine Frage des Respekts vor Gutachtern und Herausgebern. Bevor man also eine Prüfungsarbeit einreicht oder das Manuskript seiner Arbeit zum Druck aus der Hand gibt, ist es unerlässlich, die einzelnen Kapitel und schließlich die gesamte Arbeit im Zusammenhang, nämlich als Text (und nicht als eine bloße Folge von Sätzen oder Absätzen) durchzuarbeiten. Nur so lässt sich sicherstellen, dass der Argumentationsgang folgerichtig aufgebaut und kohärent ist und Widersprüche sowie unnötige Wiederholungen vermieden werden. In weiteren, getrennten Arbeitsgängen muss die Arbeit sprachlich und formal korrigiert werden.[4] Diese Korrektur umfasst folgende Bereiche:

- Rechtschreibung,
- Zeichensetzung,
- Grammatik,
- Stil (z.B. Wiederholungen),
- Spatien zwischen Wörtern, Textabschnitten etc.,

---

[4]   Fehler lassen sich beim Korrekturlesen eines Dokuments leichter feststellen, wenn im Menü ‚Ansicht' die Option ‚Seiten-Layout' gewählt wird und alle Formatierungszeichen durch Klicken auf das Absatzzeichen (¶) in der Symbolleiste angezeigt werden.

- Nummerierung der Kapitel, Beispiele, Tabellen und Abbildungen,
- Überprüfung der Verweise und Querverweise im Text,
- Kollationierung der Überschriften im Text mit den im Inhaltsverzeichnis angegebenen,
- Kollationierung der Seitenangaben im Inhaltsverzeichnis und im fortlaufenden Text,
- Überprüfung des Literaturverzeichnisses auf Vollständigkeit und überschüssige (im Text nicht zitierte) Werke.[5]

Um nach Fertigstellung der Arbeit die Kurzzitierhinweise auf die Literatur in Text und Anmerkungen mit dem Literaturverzeichnis abzugleichen und zu überprüfen, ob alle Literaturhinweise in der Arbeit im Literaturverzeichnis enthalten sind bzw. alle Angaben im Literaturverzeichnis auch in der Arbeit erwähnt werden, druckt man am besten zunächst das Literaturverzeichnis aus. Dann sucht man mit Suchbefehlen wie ‚19‘ bzw. ‚20‘ alle Kurzzitierhinweise im Text und in den Anmerkungen auf und hakt die entsprechenden Angaben im Literaturverzeichnis ab.

---

[5] Mit Hilfe der Nummerierungs- und Gliederungsfunktion von Word kann die Nummerierung von Kapiteln, Beispielen, Tabellen und Abbildungen kontrolliert werden. Weiterhin werden die Überschriften und Seitenzahlen von Kapiteln automatisch ins Inhaltsverzeichnis übernommen.

8 Die Bibliographie

8.1 Konventionen des Bibliographierens

Wie allgemein bekannt, werden im Literaturverzeichnis die Literaturangaben einer Arbeit nach den Nachnamen der Autoren alphabetisch geordnet zusammengestellt. Damit eine Literaturangabe eindeutig und international verständlich identifizierbar ist, müssen ihre Form und ihr Inhalt standardisiert sein. Die Standardisierung folgt dem Prinzip „so präzise wie nötig und so knapp wie möglich" und bezieht sich auf
- die Auswahl der aufgenommenen Informationseinheiten
- ihre Reihenfolge und
- typographische Gestaltung.

Trotz der Notwendigkeit einer Standardisierung des Formats von Literaturangaben haben sich bisher weder die wissenschaftliche Gemeinschaft noch das Verlagswesen auf einen einzigen Standard einigen können.[1] Selbst innerhalb der sprachwissenschaftlichen Disziplinen unterscheiden sich die Standards des Bibliographierens teilweise erheblich und betreffen vor allem die Reihenfolge und typographische Gestaltung der Informationseinheiten.

Dies soll am Beispiel einer Monographie und eines Zeitschriftenaufsatzes, die nach den Konventionen des *Unified Style Sheet for Linguistics (USL)*, der *Linguistic Society of America* (*LSA*), der *Modern Language Association* (*MLA*) und der *American Psychological Association* (*APA*) in der Version der Deutschen Gesellschaft für Psychologie (2007) bibliographiert sind, demonstriert werden. Wie man erkennt, herrscht zumindest darüber, was überhaupt in einer bibliographischen Angabe notiert werden soll, im Großen und Ganzen Einmütigkeit. Die Richtlinien der genannten sprachwissenschaftlichen bzw. psychologischen Gesellschaften sind online oder als Monographien verfügbar (s. Kap. 10.4).

Monographie:
USL: Rice, Keren. 1989. *A grammar of Slave*. Berlin: Mouton de
              Gruyter.

---

[1]   Beispielsweise erkennt das Literaturverwaltungsprogramm *Endnote* mehr als 3600 Bibliographierformate.

LSA: Rice, Keren. 1989. A grammar of Slave. Berlin: Mouton de
            Gruyter.
MLA: Rice, Keren. A Grammar of Slave. Berlin: Mouton de Gruyter,
            1989.
APA: Rice, Keren (1989). *A Grammar of Slave*. Berlin: Mouton de
            Gruyter.

Zeitschriftenaufsatz:
USL: Tiersma, Peter M. 1993. Linguistic issues in the law. *Language* 69.113-137.
LSA: Tiersma, Peter M. 1993. Linguistic issues in the law. Language 69.113-37.
MLA: Tiersma, Peter M. „Linguistic Issues in the Law." Language
            69 (1993): 113-37.
APA: Tiersma, Peter M. (1993). Linguistic Issues in the Law. *Language*, 69, 113-137.

Wenn eine Veröffentlichung in einem Verlag oder einer Zeitschrift
ansteht, so haben Autoren sich an die Richtlinien des jeweiligen
Verlags zu halten. Für die Gestaltung von Hochschulschriften (Seminararbeiten und akademische Abschlussarbeiten) gibt es möglicherweise entsprechende Hinweise der jeweiligen Institute oder Fakul-
täten, und Autoren sind gut beraten, wenn sie sich bereits vor Beginn
der Arbeit mit diesen vertraut machen. Gibt es jedoch keine solchen
Hinweise und soll die eigene Arbeit nicht veröffentlicht werden, so
besteht die Qual der Wahl. Für welche Konventionen sich Verfasser
(ggf. in Abhängigkeit von dem für die Publikation gültigen *Style
Sheet*) auch immer entscheiden mögen, gilt das Prinzip der Einheit-
lichkeit: eine einmal gewählte Konvention muss konsequent beibehalten werden.

In diesem Kapitel werden nicht nur die Bestandteile des Bibliographierens detailliert behandelt, sondern zugleich die in der Sprachwissenschaft am weitesten verbreiteten und empfehlenswerten Konventionen vorgestellt.

8.2 Selbstständige und unselbstständige Literatur

Bei der Angabe wissenschaftlicher Werke ist zwischen selbstständiger und unselbstständiger Literatur zu unterscheiden. Zur selbstständigen Literatur werden **Monographien** und **Sammelbände** gerech-

net. Eine Monographie ist das Werk eines oder mehrerer Verfasser, welches alleine, d.h. nicht zusammen mit anderen Werken als Buch publiziert wurde. Ein Sammelband ist ein von einer oder mehreren Personen herausgegebenes Buch, in welchem sich Aufsätze der Herausgeber und anderer Autoren befinden. Im Gegensatz zur selbstständigen Literatur zählen alle **Aufsätze** eines oder mehrerer Verfasser, welche entweder in Sammelbänden oder in Zeitschriften veröffentlicht wurden, zur unselbstständigen Literatur. Die Konventionen für das Bibliographieren von Büchern und Aufsätzen sind verschieden.

Abbildung 8.1 unterscheidet zwischen selbstständiger und unselbstständiger Literatur. Die nummerierten Informationseinheiten sind für die einzelnen Literaturangaben jeweils als obligatorisch zu betrachten. Sie werden in den folgenden Abschnitten dieses Kapitels näher erläutert, und zwar beginnend mit den für alle Publikationsarten gleichen Angaben (Verfasser und Erscheinungsjahr) (Kap. 8.3). Es folgen Angaben für selbstständige Literatur (Kap. 8.4), für Aufsätze in Sammelbänden (Kap. 8.5) und für Zeitschriftenaufsätze (Kap. 8.6). Zum Schluss werden einige Sonderfälle behandelt wie

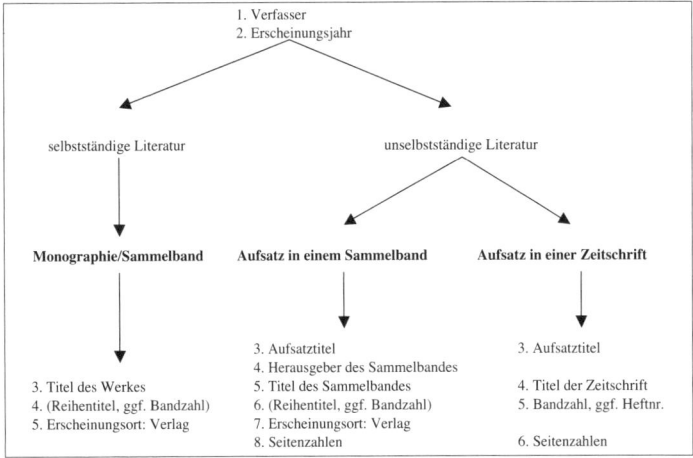

Abb. 8.1 Informationseinheiten von Literaturangaben und eine mögliche Reihenfolge ihrer Notierung (fakultative Angaben in Klammern)

beispielsweise Hochschulschriften und Kongressberichte (Kap. 8.7) sowie Quellen aus dem Internet (Kap. 8.8). Wir orientieren uns hier weitgehend an weit verbreiteten Konventionen wie z.b. den im *USL* vorgeschlagenen (s. Kap. 10.4). Zur Verdeutlichung der Konventionen für das Bibliographieren der verschiedenen Publikationsformate werden in Kap. 8.9 alle Beispiele aus diesem Kapitel noch einmal zusammengestellt. Außerdem werden Entscheidungskriterien für die Auswahl eines passenden Bibliographierstils genannt, und die Formatierung der bibliographischen Einträge in diesem Buch wird beschrieben.

8.3 Ansetzung von Autorennamen und Erscheinungsjahr

Bei einem einzigen **Autor** wird der Autorenname immer in der Reihenfolge: Nachname, 1. Vorname, (2. Vorname) notiert, wobei der 1. Vorname möglichst ausgeschrieben und der 2. Vorname abgekürzt wird. Die bei mehreren Autoren geltenden Konventionen sind weiter unten erläutert. Namenszusätze[2] werden bei einem einzigen Autor hinter dem/den Vornamen notiert, also z.B. ‚Scheidt, Jürgen von'.

Alle Arten von Titeln, Berufsbezeichnungen etc., welche möglicherweise in der Vorlage vermerkt sind, werden in der Bibliographie nicht erfasst. Doppelnamen und zusammengesetzte Namen sind als solche zu notieren. Die folgende Tabelle zeigt einige Beispiele für die Ansetzung verschiedener Nachnamen:

Besonderheit	Name in der Vorlage	Name in der Bibliographie
Titel, Berufsbezeichnungen, etc.	Prof. Dr. Hansjakob Seiler	Seiler, Hansjakob
	Sister Jean Daniel	Daniel, Jean
	Sir Peter Ustinov	Ustinov, Peter
Namenszusätze	Sammy Davis Jr.	Davis, Sammy, Jr.
	John D. Rockefeller IV	Rockefeller, John D., IV
Namenszusätze (Vorname)	Franz von Sales Doyé	Doyé, Franz von S.
Namenszusätze (Nachname)	Max von der Grün	Grün, Max von der
	Karl vom und zum Stein	Stein, Karl vom und zum

---

[2] Eine Liste aller Namenszusätze findet sich in Haller & Popst (2003: 70-73).

Besonderheit	Name in der Vorlage	Name in der Bibliographie
Doppelnamen	Eva Schultze-Berndt	Schultze-Berndt, Eva
Zusammenge-setzte Namen[3]	Federico Garciá Lorca	Garciá Lorca, Federico
	Maria Goyri de Menén-dez Pidal	Goyri de Menéndez Pidal, Maria

Tab. 8.1 Ansetzung von Autorennamen nach Haller & Popst (2003: 57-65)

Hat ein Werk mehr als einen Verfasser, so gibt es unterschiedliche Konventionen sowohl hinsichtlich der Anzahl der zu notierenden Namen als auch der Reihenfolge von Vor- und Nachname. Aus Gründen des Respekts gegenüber der Leistung von Verfassern und Autoren möchten wir empfehlen, alle an einem Werk beteiligten Personen (Verfasser bzw. Herausgeber) im Literaturverzeichnis zu nennen, so wie dies oft auch ausdrücklich verlangt wird (z.B. von Mouton de Gruyter). Andere Konventionen sehen vor, im Literaturverzeichnis bis zu drei Autoren namentlich aufzuführen und ab vier Autoren nur noch den ersten zu nennen, gefolgt vom Zusatz ‚et al.‘ (lat. *et alii* ‚und andere‘) oder ‚u.a.‘ (*und andere*) (Standop & Meyer 2008: 106); nach anderen Ratgebern darf schon ab drei Autoren abgekürzt werden.[4]

Bei Werken mit mehreren Verfassern gibt es zudem unterschiedliche Konventionen für die Reihenfolge von Vor- und Nachnamen. Entweder kann man alle Autoren in der Reihenfolge ‚Nachname, Vorname(n)‘ anführen oder aber nur den ersten auf diese Weise und vom zweiten Autor ab die Reihenfolge ‚Vorname(n) Nachname‘ wählen.

---

[3] Ist bei mehrfach zusammengesetzten, besonders spanischen Namen in der Vorlage unklar, wo der Vorname endet bzw. der Nachname beginnt, kann man einerseits in der Bibliographie des Werkes dieses Autors nachschauen, wie er sich selbst zitiert – oder man überprüft ihn in Bibliothekskatalogen, z.B. im Verbundkatalog des Hochschulbibliothekszentrums NRW: <http://okeanos-www.hbz-nrw.de/F/> bzw. <http://www.hbz-nrw.de> → Recherche und mehr → hbz-Verbundkatalog.

[4] Bei Verweisen auf Werke mehrerer Autoren innerhalb des Textes ist im Zuge der Kurzzitierweise eine ökonomischere Quellenangabe gebräuchlich: ab vier Autoren (nach anderen Konventionen ab drei Autoren) genügt die Nennung des ersten Autorennachnamens mit dem Zusatz ‚et al.‘ (s. Kap. 5.4).

Wenn in einem Literaturverzeichnis ein Sammelband als separater Eintrag aufgeführt werden soll, werden **Herausgebernamen** genauso wie Verfassernamen behandelt, lediglich ihre Herausgeberfunktion wird durch den Zusatz ‚(ed.)‘ (lat. bzw. engl. *editor*) bei einem Herausgeber bzw. ‚(eds.)‘ bei mehreren Herausgebern kenntlich gemacht (franz. ‚(éd.)‘ bzw. ‚(éds.)‘). Die in deutschsprachigen Literaturverzeichnissen häufig verwendeten Abkürzungen ‚(Hrsg.)‘, ‚(Hg.)‘ oder ‚(Hgg.)‘ sind international möglicherweise nicht bekannt und sollten deshalb vermieden werden. Die Herausgeberfunktion ist in der für die eigene Publikation gültigen Sprache, nicht in der des zitierten Werks zu notieren.

Wird in ein Literaturverzeichnis eine **Rezension** aufgenommen, so kann die Rezensentenfunktion des Verfassers durch den Zusatz ‚[Rez.]‘ (‚Rezensent‘) bzw. ‚[rev.]‘ (*reviewer*) gekennzeichnet werden.

Zur Abtrennung mehrerer Autorennamen sind verschiedene Zeichen möglich, von welchen das *Ampersand*-Zeichen ‚&‘ (kaufmännisches ‚und‘) bei zwei Autoren am häufigsten empfohlen wird. Bei mehr als zwei Autoren wird nur zwischen dem vorletzten und letzten das Ampersand-Zeichen verwendet, alle vorherigen werden durch Kommata voneinander getrennt.[5]

Nachnamen von Autoren können entweder in normalem **Schriftgrad** oder in Kapitälchen notiert werden. Die Notierung in Kapitälchen erleichtert zwar das strukturierende Lesen, erfordert aber nicht nur bei der Eingabe etwas mehr Mühe, sondern liefert keine zusätzlichen Unterscheidungsmerkmale und wird deshalb meist nicht empfohlen (vgl. die Konventionen des *USL*, Kap. 10.4).

Ist für ein wissenschaftliches Werk ein Autor weder erkennbar noch rekonstruierbar, werden entweder der Bearbeiter oder der Herausgeber genannt. Sind diese auch nicht identifizierbar, tritt an die Stelle des Autorennamens ein relevantes Titelstichwort, unter dem das Werk in die Bibliographie eingeordnet wird (Standop & Meyer 2008: 109).

Sind in einem Literaturverzeichnis **mehrere Werke eines Autors** enthalten, werden diese chronologisch aufgeführt und es darf abgekürzt werden, indem der Autorenname nur beim ersten ausgeschrieben und bei allen folgenden Werken anstelle des Autorennamens eine Linie (ca. 10 Bindestriche) mit abschließendem Punkt notiert wird, z.B.[6]

---

[5]   Andere übliche Verbindungszeichen sind das ausgeschriebene Wort *und* (oder engl. *and*), der Schrägstrich ‚/‘ oder auch das Pluszeichen ‚+‘.

[6]   Allerdings wird diese Konvention im *USL* (s. Kap. 10.4) nicht empfohlen, weil dann die Zuordnung einer Quellenangabe von einer vorherigen abhängt.

Comrie, Bernard. 1981. *Language Universals and Linguistic Typology: Syntax and Morphology.* Oxford: Blackwell; Chicago: University of Chicago Press.

――――. 1985. *Tense.* (Cambridge Textbooks in Linguistics). Cambridge: Cambridge University Press.

Als **Erscheinungsjahr** gilt das Jahr der vorliegenden Auflage bzw. des entsprechenden Copyrights. Ein späterer unveränderter Nachdruck bewirkt keine Änderung des ursprünglichen Erscheinungsjahres. Sobald jedoch eine noch so geringe Veränderung gegenüber einer vorherigen Auflage vorgenommen wurde, wird dem Werk ein neues Copyright und somit auch ein neues Erscheinungsjahr zugewiesen. Neuauflagen können zwar durch hochgestellte Ziffern hinter der Jahreszahl notiert werden, ein entsprechender Zusatz hinter dem Buchtitel (z.B. ‚3. Aufl.') ist aber üblicher. Sollte auch nach gründlicher Recherche kein Erscheinungsjahr feststellbar sein, wird anstelle der Jahreszahl ‚s.a.' (lat. *sine anno* ‚ohne Jahr'), ‚o.J.' (*ohne Jahr*) oder im Literaturverzeichnis einer auf Englisch verfassten Arbeit ‚n.d.' (*no date*) notiert.

Werden von einem Autor mehrere innerhalb eines einzigen Jahres veröffentlichte Werke angegeben, so werden diese durch Kleinbuchstaben hinter der Jahreszahl indiziert und in dieser Reihenfolge in der Bibliographie verzeichnet (z.B. ‚Lehmann 1982a, 1982b'). Eine andere Konvention gestattet anstelle von Kleinbuchstaben auch die Notierung eines relevanten Titelstichwortes zwischen eckigen Klammern. Dies empfiehlt sich aber nur, wenn diese Notation aus mnemotechnischen Gründen auch für die Kurzzitierweise im Text gewählt wird, was jedoch selten ist.

Die **Jahreszahl** kann zwar prinzipiell unmittelbar hinter dem Autorennamen oder am Ende einer bibliographischen Angabe notiert werden (eventuell zwischen runden Klammern), in der modernen Linguistik ist die Nennung der Jahreszahl (ohne Klammern) direkt hinter dem Autorennamen aber am weitesten verbreitet. Der Vorteil dieser Platzierung besteht darin, dass sich ein Werk durch Verfassernamen und benachbarte Jahreszahl oft „auf einen Blick" wissenschaftsgeschichtlich und theoretisch einordnen lässt und dieses Kürzel im übrigen der Kurzzitierweise im Text entspricht. Auch der Verzicht auf die runden Klammern im Literaturverzeichnis ist plausibel, da sie außer der Markierung des Erscheinungsjahres keinen zusätzlichen Informationswert enthalten und die Ziffern hinter dem Autorennamen vom kundigen Leser automatisch als Erscheinungsjahr interpretiert werden.

Hinsichtlich der **Interpunktion** empfehlen wir die weit verbreitete Konvention, hinter den letzten Vornamen eines einzelnen Autors oder den letzten Nachnamen mehrerer Autoren einen Punkt zu setzen und nach einem Spatium (Leertaste) die Jahreszahl, auf welche ein weiterer Punkt folgt (z.b. ,Lyons, John. 1968. [Titel]' bzw. ,Jakobson, Roman & Linda R. Waugh. 1987. [Titel]'). Steht vor der Jahreszahl ein abgekürzter Vorname, wird hinter diesen ein einziger Punkt gesetzt (,Lyons, J. 1968.').[7]

8.4 Monographie und Sammelband

Wie in Kapitel 8.2 erwähnt, handelt sich bei Monographien und Sammelbänden um selbstständige Literatur, also Werke eines einzelnen oder mehrerer Autoren bzw. Herausgeber, welche inhaltlich und physikalisch eine abgeschlossene Einheit bilden. Zur selbstständigen Literatur zählen neben Monographien und Sammelbänden ganze Zeitschriftenbände, Kongressberichte, Dissertationen, also alle Werke, die nicht in andere Publikationen eingebunden und somit Teil eines übergeordneten Werkes sind.

Die relevanten Informationseinheiten für das Bibliographieren von Monographien oder Sammelbänden sind folgende:

• Autorenname(n) / Herausgebername(n)
• Erscheinungsjahr
• Titel (ggf. Untertitel)
• ggf. Reihentitel und Bandzahl
• Ort und Verlag

Die Ansetzung von Autorennamen und Erscheinungsjahr sind in Kapitel 8.3 behandelt worden, sodass wir hier mit dem Titel von Monographien oder Sammelbänden beginnen können. Der **Titel** wird häufig kursiv geschrieben, ebenso wie der Untertitel, welcher durch Doppelpunkt (oder Komma) vom Haupttitel getrennt wird. Hinsichtlich der **Groß- und Kleinschreibung** englischsprachiger Buch- und Aufsatztitel gibt es folgende Alternativen:

---

[7]   Andere Konventionen schreiben kein Satzzeichen zwischen Autorenname und Jahreszahl oder eine in runden Klammern stehende Jahreszahl vor. Wieder andere verlangen ein Komma oder auch einen Doppelpunkt zwischen Jahreszahl und anschließendem Titel.

a) Man folgt den englischen orthographischen Regeln für Überschriften. Hier werden also außer dem ersten Wort des Titels auch alle Nomina, Pronomina, Adjektive, Verben und Adverbien mit großem Anfangsbuchstaben geschrieben, alle anderen Wörter jedoch klein.
b) Alle Wörter bis auf das Anfangswort und Eigennamen werden klein geschrieben.
c) Das *USL* empfiehlt die Nutzung der Groß- und Kleinschreibung für die Unterscheidung von (wiederkehrenden) Zeitschriften- und Reihentiteln (Großschreibung) und Titeln einzelner wissenschaftlicher Arbeiten (Kleinschreibung).

Unabhängig von der Schreibung der Vorlage werden Buchtitel im Literaturverzeichnis einheitlich notiert. Bei mehrbändigen Werken muss wegen der eindeutigen Identifizierbarkeit die Bandzahl mit erfasst werden.

Häufig erscheinen Monographien oder Sammelbände innerhalb wissenschaftlicher **Reihen**, also von Sammlungen wissenschaftlicher Werke, welche meist ein gemeinsames Themenfeld behandeln. Reihenangaben können, müssen aber nicht gemacht werden und sollten zwischen runden Klammern notiert werden, damit der Reihentitel nicht mit einem Untertitel verwechselt werden kann. Bei gezählten Reihen erscheint die Bandzahl in arabischen Ziffern hinter dem Reihentitel, häufig durch ein Komma abgetrennt, jedoch ohne Zusätze wie *Band* oder *Volume*. Herausgeber wissenschaftlicher Reihen werden prinzipiell nicht genannt. Wenn eine Monographie innerhalb einer Unterreihe einer Reihe erschienen ist, muss auch diese genannt werden, damit die Bandzahl korrekt zugeordnet werden kann. Der Unterreihentitel folgt, hinter einem Komma, dem Reihentitel; dahinter die Bandzahl. Auf die schließende Klammer folgt ein Punkt.

Obligatorisch sind die Angabe des **Ortes**, an welchem der veröffentlichende **Verlag** ansässig ist, und die Nennung des Verlagsnamens, durch einen Doppelpunkt und Spatium vom Ortsnamen getrennt. Werden in der Vorlage mehrere Verlagsorte genannt, können entweder alle Namen, getrennt durch Komma oder Schrägstrich, aufgeführt werden oder aber nur der erste Ort, evtl. ergänzt durch ‚[etc.]‘ oder ‚[usw.]‘. Jede bibliographische Angabe einer Monographie endet mit dem Ortsbzw. Verlagsnamen und wird mit einem Punkt abgeschlossen (außer wenn das Erscheinungsjahr am Schluss steht).

Ist ein Verlagsort nicht erkennbar oder ermittelbar, notiert man anstelle des Ortsnamens ‚s.l.‘ (lat. *sine loco* ‚ohne Ort‘), ‚o.O.‘ (*ohne Ort*) oder in englischsprachigen Arbeiten ‚n.p.‘ (*no place*).

Sammelbände werden genauso wie Monographien bibliographiert, mit einem einzigen Unterschied: anstelle des Autors/der Autoren wird/werden der/die Herausgeber genannt und die Herausgeberfunktion hinter dem/den Personennamen notiert (s. Kap. 8.3).

Bibliographische Angaben werden untereinander, mit einfachem **Zeilenabstand** und hängendem **Einzug** (z.B. 1,25 cm) notiert, was das strukturierende Lesen erleichtert. Sind Leerzeilen zwischen den einzelnen bibliographischen Angaben gewünscht, so müssen diese in Textverarbeitungsprogrammen mit einem sog. festen Zeilenumbruch notiert werden, damit beim späteren alphabetischen Sortieren die Leerzeilen den Absätzen der einzelnen bibliographischen Angaben zugewiesen bleiben.[8] Anstelle einer Leerzeile zwischen den einzelnen bibliographischen Einträgen ist es jedoch vorteilhafter, einen **Abstand** von 6 oder 12 pt zwischen der letzten Zeile eines Absatzes und der Folgezeile des nächsten Absatzes zu definieren.[9] Bei dieser Lösung stehen Platznutzung und Übersichtlichkeit in einem ausgewogenen Verhältnis zueinander:

> Haller, Klaus & Hans Popst. 2003. *Katalogisierung nach den RAK-WB: Eine Einführung in die Regeln für die alphabetische Katalogisierung in wissenschaftlichen Bibliotheken.* 6. Aufl. München: Saur.
>
> Smith, Carlota S. 1991. *The Parameter of Aspect.* (Studies in Linguistics and Philosophy, 43). Dordrecht: Kluwer.
>
> Behrens, Heike (ed.). 2008. *Corpora in Language Acquisition Research: History, Methods, Perspectives.* (Trends in Language Acquisition Research, 6). Amsterdam: Benjamins.

8.5 Der Aufsatz in Sammelbänden

Wie in Kapitel 8.2 erwähnt, gehören Aufsätze in Sammelbänden zur unselbstständigen Literatur, weil sie Teil eines übergeordneten Werks sind. Die relevanten Informationseinheiten für das Bibliographieren eines Sammelbandaufsatzes sind folgende:

---

[8] Dieser feste Zeilenumbruch wird durch gleichzeitiges Drücken der Enter- und der Shift-Taste erzielt und ist in der Seiten-Layout-Ansicht erkennbar am Symbol für Enter (↵) anstelle des normalen Absatzzeichens (¶).

[9] Die Abstände werden beispielsweise bei *Word* im Menüpunkt ‚Format' definiert: ‚Absatz' → Registerkarte ‚Einzüge und Absätze' → im Feld ‚Abstand nach' die gewünschte Punktzahl eingeben (in unserem Beispiel ist dies 6 pt).

- Autorenname(n)
- Erscheinungsjahr
- Titel des Aufsatzes
- Namen des/der Herausgeber(s) des Sammelbandes
- Titel des Sammelbandes
- ggf. Reihentitel und Bandzahl
- Ort und Verlag
- Seitenzahlen des Aufsatzes von der ersten bis zur letzten Seite.

Wie bei Monographien beginnt die bibliographische Angabe eines Sammelbandaufsatzes mit der Nennung des Verfassers/der Verfasser des Aufsatzes und des Erscheinungsjahres des Sammelbandes (s. Kap. 8.3). Hinter einem Spatium erscheint der **Aufsatztitel**. Aufsatztitel werden häufig zwischen Anführungszeichen notiert, um sie typographisch von Buch- und Zeitschriftentiteln (also von selbstständiger Literatur) zu unterscheiden. Obwohl diese typographische Unterscheidung streng genommen unnötig ist, kann sie dem Leser das strukturierende Lesen erleichtern. Zur Groß- und Kleinschreibung von englischen Aufsatztiteln muss wie bei den Monographietiteln zwischen Überschriften- und Satzregeln entschieden werden (s.o. Kap. 8.4). Eine einmal getroffene Wahl bleibt für die gesamte Bibliographie verbindlich. Am Ende des Aufsatztitels wird vor den Abführungszeichen ein Punkt (seltener ein Komma) notiert.

Auf den Aufsatztitel folgt die Angabe des **Sammelbandes**, in welchem der Aufsatz veröffentlicht wurde. Dieser wird durch ‚In‘ eingeleitet: mit großem Anfangsbuchstaben, wenn der Aufsatztitel mit einem Punkt beendet wurde, mit kleinem Anfangsbuchstaben bei vorausgehendem Komma. Die Sammelbände selbst werden im Kontext von Sammelbandaufsätzen etwas anders bibliographiert als in Kap. 8.4 beschrieben. Diese Unterschiede betreffen die Nennung des Herausgebers und des Erscheinungsjahres. So wird beim Bibliographieren von Sammelbandaufsätzen bereits beim ersten **Herausgeber** der Vorname vor den Nachnamen gesetzt. Auf den Namen des Herausgebers bzw. den letzten Namen mehrerer Herausgeber folgt in Klammern die Herausgeberfunktion (z.B. ‚(ed.)‘ oder ‚(eds).‘). Diese Informationseinheit wird durch ein Komma vom darauf folgenden Titel des Sammelbandes getrennt. Der Sammelbandtitel endet mit einem Komma (oder Punkt).

Alternativ kann nach ‚In‘ auch der Sammelbandname vor dem/den Herausgebernamen notiert werden. In diesem Falle erscheint hinter ‚In‘ gleich der Sammelbandname, gefolgt von einem Komma und ggf. dem Zusatz ‚hrsg. von‘ (oder in englischen Arbeiten ‚ed. by‘).

Das **Publikationsjahr** des Sammelbandes muss nicht noch einmal separat angeführt werden, da es identisch ist mit dem Publikationsjahr des Sammelbandaufsatzes, welches hinter dem Autorennamen steht.

Auf Sammelband- und Herausgebernamen folgen fakultativ die Angabe der **Reihe** und dann obligatorisch **Ort** und **Verlag**. Den Abschluss des bibliographischen Eintrags bildet die Angabe der **Seitenzahlen** des Sammelbandaufsatzes. Es müssen unbedingt die erste und die letzte Seite, verbunden durch einen Bindestrich, notiert werden; die Angabe lediglich der ersten Seite plus ‚ff.' genügt nicht. Die Angabe ‚S.' (für ‚Seite') oder ‚p./pp.' (für lat. *pagina/paginae* oder engl. *page/pages*) ist unnötig, obwohl sie von manchen *Style Sheets* verlangt wird. Gelegentlich werden die Seitenzahlen von in Sammelbänden erschienenen Aufsätzen auch direkt hinter dem Titel des Sammelbands (bzw. den Herausgebernamen), also vor Reihentitel sowie Ort und Verlag angegeben. Eine einheitliche Nennung der Seitenzahlen für sowohl in Sammelbänden als auch in Zeitschriften erschienene Aufsätze am Ende der bibliographischen Angabe ist jedoch übersichtlicher und deshalb empfehlenswert.

In diesem Buch empfohlen:	Nishida, Chiyo. 1996. „Second Position Clitic Pronouns in Old Spanish and Categorial Grammar." In Aaron L. Halpern & Arnold M. Zwicky (eds.), *Approaching Second: Second Position Clitics and Related Phenomena*. (CSLI Lecture Notes, 61). Stanford, CA: Center for the Study of Language and Information. 333-373.
USL:	Nishida, Chiyo. 1996. „Second Position Clitic Pronouns in Old Spanish and Categorial Grammar." In Aaron L. Halpern & Arnold M. Zwicky (eds.), *Approaching Second: Second Position Clitics and Related Phenomena*, 333-373. (CSLI Lecture Notes, 61). Stanford, CA: Center for the Study of Language and Information.
Mouton de Gruyter:	Nishida, Chiyo. 1996. „Second Position Clitic Pronouns in Old Spanish and Categorial Grammar." In *Approaching Second: Second Position Clitics and Related Phenomena*, Aaron L. Halpern & Arnold M. Zwicky (eds.), 333-373. (CSLI Lecture Notes 61.) Stanford, CA: Center for the Study of Language and Information.

8.6 Der Aufsatz in wissenschaftlichen Zeitschriften

Das Bibliographien von Zeitschriftenaufsätzen gleicht demjenigen von Beiträgen zu Sammelwerken insofern, als hier lediglich Zeitschriftenname und Bandnummer an die Stelle von Herausgeber und Titel des Sammelbandes treten:

- Autorenname(n)
- Erscheinungsjahr
- Titel des Aufsatzes
- Titel der Zeitschrift
- Band und ggf. Heft der Zeitschrift
- Seitenzahlen von der ersten bis zur letzten Seite.

Analog zu den Sammelbandaufsätzen werden zunächst Verfasser und Erscheinungsjahr notiert (s. Kap. 8.3), hinter einem Punkt (seltener einem Komma) plus Spatium dann der **Aufsatztitel** in Rekteschrift zwischen Anführungszeichen oder auch ohne solche (s. Kap. 8.5). Im Anschluss daran wird der Titel der **Zeitschrift** notiert: kursiv, wenn auch die Buchtitel kursiv geschrieben werden – andernfalls in Rekteschrift. Untertitel und Herausgeber von Zeitschriften sowie Verlagsort und Verlag bleiben ungenannt.

Wissenschaftliche Zeitschriften erscheinen in der Regel in mehreren Heften (Lieferungen, Faszikeln) innerhalb eines Jahres, jedem Jahrgang ist eine fortlaufende **Bandzahl** zugeordnet. Die Nennung der Bandzahl hinter dem Zeitschriftentitel ist obligatorisch; die Angabe der **Heftzahl** ist aber nur dann erforderlich, wenn innerhalb eines Jahrgangs die Seitenzahlen eines jeden Heftes neu gezählt werden. Diese Regelung ist sinnvoll, da in separat paginierten Heften ein Aufsatz ohne Heftnummernangabe nur mühsam aufzufinden ist, weil die entsprechenden Seitenzahlen ja in mehreren Heften vorkommen. Dieser Fall ist allerdings relativ selten (vgl. aber *La linguistique*). Wenn die Heftzahl erforderlich ist, wird sie hinter der Bandzahl notiert, abgetrennt durch ein Komma (oder in Klammern stehend); seltener wird sie durch einen Schrägstrich von der Bandzahl getrennt.

Hinter der Bandzahl (samt ggf. erforderlicher Heftzahl) werden die genauen **Seitenzahlen** des Aufsatzes von der ersten bis zur letzten Seite notiert (s. Kap. 8.5). Meist wird nach der Bandzahl (bzw. Heftzahl) ein Punkt, ein Doppelpunkt oder evtl. ein Komma gesetzt, worauf nach einem Spatium die Seitenzahlen folgen. Die bibliographische Angabe eines Zeitschriftenaufsatzes wird wie jede andere bibliographische Angabe auch mit einem Punkt beendet.

Rezensionen werden als Aufsätze mit oder ohne eigenen Aufsatz-titel publiziert. Im ersten Fall wird eine Rezension wie ein Aufsatz behandelt. Bei einer Rezension ohne eigenen Aufsatztitel wird der Titel des rezensierten Werks (mit Angabe des Erscheinungsjahres und mit oder ohne Angabe von Ort und Verlag) wie ein Aufsatztitel behandelt, wobei der Rezensent wie ein Autor notiert und dem rezensierten Werk ‚Rezension von' oder ‚Review of' vorangestellt wird. Alternativ kann auch der Titel des rezensierten Werks als Aufsatztitel fungieren, und der Rezensent wird durch den Zusatz ‚[Rez.]' bzw. ‚[rev.]' kenntlich gemacht (vgl. Kap. 8.3):

> Ijäs, Taru. 2008. Renzension von Cordella, Marisa. 2004. *The Dynamic Consultation: Discourse Analytical Study of Doctor-Patient Communication*. Amsterdam: Benjamins. *Journal of Pragmatics* 41. 854-856.
>
> Ijäs, Taru [Rez.]. 2008. „Cordella, Marisa. 2004. *The Dynamic Consultation: Discourse Analytical Study of Doctor-Patient Communication*. Amsterdam: Benjamins." *Journal of Pragmatics* 41. 854-856.

Obwohl Zeitschriftentitel mittels allgemein anerkannter **Abkür-zungen** abgekürzt werden dürfen, ist dies nicht zu empfehlen, weil diese Abkürzungen nicht immer bekannt sind. Eine Liste mit den gebräuchlichen Abkürzungen findet sich in der *Bibliographie linguistique* (online abrufbar unter http://www.linguisticbibliography. com/listperiodicals.php).

Es folgen einige Beispiele für das Bibliographieren von Zeitschriftenaufsätzen:

> Köpcke, Klaus-Michael. 1998. „The Acquisition of Plural Marking in English and German Revisited: Schemata versus Rules." *Journal of Child Language* 25. 293-319.
>
> Köpcke, Klaus-Michael. 1998. „The Acquisition of Plural Marking in English and German Revisited: Schemata versus Rules." *JChL* 25. 293-319.
>
> Martinet, André. 1997. „La dialectalisation de l'indo-européen de l'ouest au cours du deuxième millénaire avant notre ère." *La linguistique* 33:2. 73-77.

8.7 Sonderfälle: Kongressberichte und Hochschulschriften

Auf Kongressen und Tagungen gehaltene Vorträge werden häufig in sog. Kongressberichten veröffentlicht, erkennbar an Titeln oder Untertiteln wie

Verhandlungen des Internationalen Dialektologenkongresses

Die veröffentlichten Vorträge werden wie Aufsätze bibliographiert. Die **Kongressberichte** werden bei regelmäßig stattfindenden Veranstaltungen wie **Zeitschriften** (s. Kap. 8.6), bei einmaligen Zusammenkünften aber wie **Sammelbände** (s. Kap. 8.5) behandelt. Die Regelmäßigkeit der Veranstaltung eines Kongresses und damit seine Notierung als Zeitschriftentitel kann an der Zählung im Titel oder Untertitel erkannt werden. Im Falle der Zeitschriftennotierung von z.B.

*The Proceedings of the **Thirtieth Annual** Child Language Research Forum*
*Proceedings of the **31st Annual Meeting** of the Berkeley Linguistics Society.*

wird entweder der Name des Kongresses oder derjenige der veranstaltenden Körperschaft als Titel gewählt und die Zählung als Bandzahl angegeben, also

Child Language Forum 30
Berkeley Linguistics Society 31 (bzw. *BLS* 31).

In unklaren Fällen kann das Abkürzungsverzeichnis der *Bibliographie linguistique*[10] zurate gezogen werden: dort sind fast alle Zeitschriften erfasst, also auch die meisten (allerdings leider nicht alle) regelmäßig stattfindenden Kongresse. Hier je ein Beispiel für eine Zeitschriften- und eine Sammelbanderfassung:

Walsh, Laura. 1993. "Tone in Reduplication." *Chicago Linguistic Society* 28. 543-553.
Adamzik, Kirsten. 1994. „Zum Textsortenbegriff am Beispiel von Werbeanzeigen." In Peter-Paul König & Helmut Wiegers (eds.), *Satz – Text*

---

[10] <http://www.linguisticbibliography.com/listperiodicals.php>.

– *Diskurs: Akten des 27. Linguistischen Kolloquiums, Münster* 1972.
Band 2. (Linguistische Arbeiten, 313). Tübingen: Niemeyer. 173-180.

Unter **Hochschulschriften** werden hier Seminararbeiten, akademische Abschlussarbeiten (Bachelor- und Masterarbeiten, Magisterarbeiten, Diplomarbeiten, Staatsarbeiten), Dissertationen und Habilitationsschriften verstanden. Wenn Dissertationen und Habilitationsschriften in einem regulären Verlag veröffentlicht sind, werden sie wie Monographien bibliographiert (s. Kap. 8.4). Für lediglich vervielfältigte Hochschulschriften sind die folgenden Angaben obligatorisch:

- Autorenname
- Erscheinungsjahr
- Titel der Arbeit
- Art der Arbeit
- Institution und Ort

Als **Erscheinungsjahr** gilt für Dissertationen und Habilitationsschriften dasjenige, in welchem der akademische Titel vergeben wurde (engl. *degree granting year*), bei allen anderen Hochschulschriften wird das Jahr der Prüfung bzw. der Einreichung beim Prüfungsamt angegeben. Der Titel der Arbeit wird wie der Titel einer Monographie behandelt. Abschließend muss angegeben werden, um welche Art von **Abschlussarbeit** es sich handelt und von welcher **Institution** an welchem **Ort** der **Grad** verliehen wurde. In englischsprachigen Texten werden Dissertationen oft mit dem Zusatz ‚Ph. D. diss.' versehen. Beispiele:

Junglas, Karin. 2006. *Experimentelle Untersuchung von Versprechern bei Zwangspatienten.* Dissertation, Universität Bonn.
König, Alexander. 2008. *Moodle im Geschichtsunterricht – eine mediengestützte Unterrichtsreihe zum Thema „Die Krisenjahre der Weimarer Republik".* Masterarbeit, Universität Rostock.

8.8 Quellen aus dem Internet

Obwohl das Internet als Informationsquelle für wissenschaftliche Arbeiten wachsende Bedeutung gewinnt, gibt es bisher keinen allgemein gültigen Standard für das Bibliographieren von Internetseiten, sondern vielmehr eine Fülle von Konventionen.[11] Angesichts der konkurrierenden Standards für das Bibliographieren gedruckter Medien erscheint die baldige Entwicklung eines einheitlichen Standards für Internetquellen eher unwahrscheinlich.

In allen Konventionen für das Bibliographieren von Internetquellen wird die Tatsache berücksichtigt, dass Internetseiten im Gegensatz zu Buchseiten schnell und leicht veränderbar sind. Deshalb muss unbedingt die Version der für die eigene Arbeit benutzten Internetquelle durch Nennung des **Zugriffsdatums** identifiziert werden, wobei das Tagesdatum genügt und die Notierung der Uhrzeit nicht erforderlich ist. Wegen der Veränderbarkeit dieses elektronischen Mediums ist ein Ausdruck der genutzten Seiten für die eigenen Unterlagen ratsam, ggf. sogar eine Einfügung in den Anhang der Arbeit. Alternativ oder zusätzlich können Internetseiten auch bei WebCite archiviert werden: <http://www.webcitation.org>.

Glücklicherweise besteht für Internetseiten, analog zu den Konventionen für gedruckte Informationsquellen, im Großen und Ganzen Einmütigkeit darüber, **was** zu bibliographieren ist, obgleich es hinsichtlich des **Wie** Unterschiede gibt:

• Autorenname
• Jahr der Einstellung bzw. letzten Änderung des Dokuments
• Titel des Dokuments
• Internetadresse (URL)
• Zugriffsdatum

Das **Erstellungsjahr** einer Internetseite ist nicht immer identifizierbar. In diesem Falle kann wie bei nicht datierbaren Büchern oder Aufsätzen z.B. ‚(o.J.)' (s. Kap. 8.3) oder keinerlei Information zum Erstellungsjahr notiert werden. Sind auch die **Autoren** einer Seite nicht erkennbar, so werden nur die Ersteller der Homepage, der Titel der Seite und die URL (fakultativ zwischen spitzen Klammern) samt Tagesdatum des Zugriffs auf die Seite angegeben wie in den folgenden Beispielen:

University of Iowa. Phonetics Flash Animation Project. „fənεtiks: The Sounds of Spoken Language." <http://www.uiowa.edu/~acadtech/phonetics> (23.2.2009).

---

[11] Das auch online verfügbare Werk von Runkehl & Siever (2001) gibt eine nützliche Auswahl verschiedener Möglichkeiten, Onlinequellen zu bibliographieren: <http://www.mediensprache.net/archiv/pubs/3-927715-83-2_online-version.pdf>.

Mediensprache: Werbesprache. „Werbeformen: Interstitials." 2006.
<http://www.mediensprache.net/de/werbesprache/internet/formen/
interstitials.asp> (23.2.2009).

Internetadressen sollten nicht unterbrochen werden. Bei **langen Adressen** darf hinter einem Pfadnamen (Schrägstrich, *slash*) oder nach einem Punkt durch Einfügung eines Leerzeichens in die Folgezeile gewechselt werden.[12] Sollte die Arbeit gesetzt werden, darf die Trennung der Adresse nicht im Manuskript, sondern nur in der Setzerei erfolgen. Um Anfang und Ende einer Internetadresse leichter identifizieren zu können und um anzuzeigen, dass bei mit Zeilenumbruch gesetzten Internetadressen das Leerzeichen am Zeilenende nicht miteingetippt werden darf, sollte sie zwischen spitzen Klammern notiert werden (Standop & Meyer 2008: 124).

Im Internet können ganz unterschiedliche Informationsquellen genutzt werden. Etliche **Monographien** und **Hochschulschriften** sind in jüngster Zeit sowohl gedruckt als auch online verfügbar. In diesem Falle sind auch beide Versionen aufzuführen und nach dem bekannten Schema zu notieren, nämlich:

Name, Vorname(n). Erscheinungsjahr. *Buchtitel: Untertitel*. (Reihe, Bandzahl). Erscheinungsort: Verlag. <protokoll://serveradresse/dokumentenpfad/dokument> (Zugriffsdatum).

Ist nur die Online-Version verfügbar, so wird auch nur diese angegeben. Hier zwei Beispiele:

Runkehl, Jens, Peter Schlobinski & Torsten Siever. 1998. *Sprache und Kommunikation im Internet. Überblick und Analysen*. Opladen: Westdeutscher Verlag. <http://www.mediensprache.net/archiv/pubs/3-531-13267-9.pdf> (23.2.2009).
Nord, Oliver. 1999. *Die Funktion von Wortspielen in Werbeanzeigen: Untersuchungen zur Werbewirksamkeit von Wortspielen anhand eines Zeitschriftenkorpus*. Magisterarbeit, Germanistisches Seminar, Neuphilologische Fakultät, Universität Heidelberg. <http://www.onoline.de/wortspiel/ws-inhalt.htm> (22.2.2009).

---

[12] Ein *Link* funktioniert durch Anklicken der ersten oder zweiten Hälfte immer noch, beim Abtippen der Adresse muss das Leerzeichen aber übergangen werden.

Bei **Zeitschriftenaufsätzen** muss ebenfalls zwischen solchen unterschieden werden, die ausschließlich elektronisch publiziert werden, und anderen, die sowohl elektronisch als auch gedruckt erscheinen. Bei ausschließlich online veröffentlichten Zeitschriftenaufsätzen erfolgt die Bibliographierung nach folgendem Muster:

Name, Vorname(n). Erscheinungsjahr. „Aufsatztitel. Untertitel.“ *Name der Onlinezeitschrift* Band. Seite-Seite. <protokoll://serveradresse/dokumentenpfad/dokument> (Zugriffsdatum).

Hier werden Bandnummer und Seitenzahlen nur angegeben, wenn sie in der Vorlage notiert sind. Im folgenden Beispiel ist der Fall einer Onlinezeitschrift mit Bandzahl aber ohne Seitenzahlen aufgeführt:

Rash, Felicity. 1996. *„Rauhe Männer – Zarte Frauen.* Linguistic and Stylistic Aspects of Gender Stereotyping in German Advertising Texts 1949-1959.*“ The Web Journal Modern Language Linguistics* 1. <http://wjmll.ncl.ac.uk/issue01/rashb.htm> (2.3.2009).

Wenn ein Aufsatz als elektronische Publikation benutzt wurde, so ist auch die gedruckte Publikationsform anzugeben: Name, Vorname(n). Erscheinungsjahr. „Aufsatztitel. Untertitel.“ Anschließend sind beide Publikationsmedien nach den bekannten Mustern zu notieren:

Marschik, Matthias & Johanna Dorer. 2002. „Sexismus (in) der Werbung: Geschlecht, Reklame und Konsum.“ <http://www.mediamanual.at/mediamanual/themen/pdf/werbung/42_Marschik.pdf> (2.3.2009). [Gedruckte Veröffentlichung in *Medienimpulse* 42. 37-44.].

Sollte eine **Internetadresse** sehr lang sein und viele Ziffern-, Buchstaben- und Zeichenfolgen enthalten, welche nur mühsam abzutippen sind, ist es sinnvoll, nur die Hauptseite zu nennen und dann die Pfade anzugeben, die bis zum gewünschten Dokument führen (vgl. auch Standop & Meyer 2008: 125). Die vollständige Internetadresse der Suchmaske im Verbundkatalog des Hochschulbibliothekszentrums NRW lautet: <http://193.30.112.131/F/YNVQ8GETC3GG5YQ2N-QUKG2F4DQ83FHRCN4BK7U4T7K6GGNQ45Y-01976?func=file&file_name=find-a>; eine leserfreundlichere Alternative ist hier: <http://www.hbz-nrw.de> → Recherche und mehr → hbz-Verbundkatalog → Standardsuche (bzw. <http://okeanos-www.hbz-nrw.de/F/>, vgl. Fn. 3).

8.9 Zusammenfassung der Empfehlungen für das eigene Bibliographieren

Zusammenfassend einige Kriterien, welche die Wahl eines geeigneten Bibliographierformats für die eigene Arbeit erleichtern können:

1. Ein sparsames Format ist einem weniger sparsamen Format vorzuziehen.
2. Ein weit verbreitetes und häufig genutztes Format ist leserfreundlicher als ein seltenes.
3. Ein Format mit unterschiedlicher typographischer Gestaltung der einzelnen Informationseinheiten erleichtert das strukturierende Lesen.
4. Ein Format, das formal der Kurzzitierweise entspricht, erleichtert das Auffinden der Quellen im Literaturverzeichnis. Dieses Kriterium erfüllen alle sog. ‚Autor/Jahr'-Konventionen.

Der in diesem Buch praktizierte Bibliographierstil erfüllt die o.g. Kriterien und hat sich in langjähriger Arbeit bewährt, obwohl er natürlich keinen Anspruch auf Allgemeingültigkeit erheben kann. Es sei jedoch noch einmal daran erinnert, dass eine einmal gewählte Konvention innerhalb eines Werkes konsequent beibehalten werden muss.

Die einzelnen bibliographischen Angaben sind wie folgt formatiert:

• Zeilenabstand innerhalb der einzelnen Einträge: engzeilig
• Die letzte Zeile eines Eintrags weist zur Anfangszeile des folgenden Eintrags einen festen Abstand von 6 pt. auf
• Zeichengröße: 10 pt.
• Schriftart: Times New Roman.

Monographien und Sammelbände:	Comrie, Bernard. 1981. *Language Universals and Linguistic Typology: Syntax and Morphology.* Oxford: Blackwell. Chicago: University of Chicago Press.
	———. 1985. *Tense.* (Cambridge Textbooks in Linguistics). Cambridge: Cambridge University Press.
	Haller, Klaus & Hans Popst. 2003. *Katalogisierung nach den RAK-WB: Eine Einführung in die Regeln für die alphabetische Katalogisierung in wissenschaftlichen Bibliotheken.* 6. Aufl. München: Saur.

	Behrens, Heike (ed.). 2008. *Corpora in Language Acquisition Research: History, Methods, Perspectives.* (Trends in Language Acquisition Research, 6). Amsterdam: Benjamins.
Aufsätze in Sammelbänden:	Calabrese, Andrea. 2001. „The Feature [Advanced Tongue Root] and Vowel Fronting in Romance." In Lori Repetti (ed.), *Phonological Theory and the Dialects of Italy.* (Amsterdam Studies in the Theory and History of Linguistic Science; Series 4, 212). Amsterdam: Benjamins. 59-88.
	Nishida, Chiyo. 1996. „Second Position Clitic Pronouns in Old Spanish and Categorial Grammar." In Aaron L. Halpern & Arnold M. Zwicky (eds.), *Approaching Second: Second Position Clitics and Related Phenomena.* (CSLI Lecture Notes, 61). Stanford, CA: Center for the Study of Language and Information. 333-373.
Aufsätze in wissenschaftlichen Zeitschriften:	Köpcke, Klaus-Michael. 1998. „The Acquisition of Plural Marking in English and German Revisited: Schemata versus Rules." *Journal of Child Language* 25. 293-319.
	Marschik, Matthias & Johanna Dorer. 2002. „Sexismus (in) der Werbung: Geschlecht, Reklame und Konsum." <http://www.mediamanual.at/ mediamanual/themen/pdf/werbung/42_Marschik. pdf> (26.9.2007). [Gedruckte Veröffentlichung in *Medienimpulse* 42. 37-44.]
Aufsätze in Kongressberichten:	Adamzik, Kirsten. 1994. „Zum Textsortenbegriff am Beispiel von Werbeanzeigen." In Peter-Paul König & Helmut Wiegers (eds.), *Satz – Text – Diskurs: Akten des 27. Linguistischen Kolloquiums, Münster 1972.* Band 2. (Linguistische Arbeiten, 313). Tübingen: Niemeyer. 173-180.
	Walsh, Laura. 1993. "Tone in Reduplication." *Chicago Linguistic Society* 28. 543-553.

Hochschul-
schriften:

Junglas, Karin. 2006. *Experimentelle Untersuchung von Versprechern bei Zwangspatienten.* Dissertation, Universität Bonn.

König, Alexander. 2008. *Moodle im Geschichtsunterricht – eine mediengestützte Unterrichtsreihe zum Thema „Die Krisenjahre der Weimarer Republik".* Masterarbeit, Universität Rostock.

Nord, Oliver. 1999. *Die Funktion von Wortspielen in Werbeanzeigen: Untersuchungen zur Werbewirksamkeit von Wortspielen anhand eines Zeitschriftenkorpus.* Magisterarbeit, Germanistisches Seminar, Neuphilologische Fakultät, Universität Heidelberg. <http://www.ono-line.de/wortspiel/ws-inhalt.htm> (22.2.2009).

Quellen aus
dem Internet:

Baumgartner, Peter. 2008. "Zitieren – eine Geheimwissenschaft? — Initiationsrituale: Quellenangabe, Zitierschema und Zitierstil." <u>Gedankensplitter</u> 23.8.2008. <http://www.peter.baumgartner.name/weblog/zitieren-eine-geheimwissenschaft> (23.2.2009).

Mediensprache. Werbesprache. „Werbeformen: Interstitials." 2006. <<u>http://www.mediensprache.net/de/werbesprache/internet/formen/interstitials.asp</u>> (23.2.2009).

Rash, Felicity. 1996. *„Rauhe Männer – Zarte Frauen.* Linguistic and Stylistic Aspects of Gender Stereotyping in German Advertising Texts 1949-1959." *The Web Journal Modern Language Linguistics* 1. <http://wjmll.ncl.ac.uk/issue01/rashb.htm> (23.2.2009).

University of Iowa. Phonetics Flash Animation Project. „fənetiks: The Sounds of Spoken Language." <http://www.uiowa.edu/~acadtech/phonetics> (23.2.2009).

9 Manuskriptgestaltung

Die Manuskriptgestaltung einer sprachwissenschaftlichen Arbeit richtet sich einerseits danach, ob es sich um eine als Computerausdruck einzureichende Prüfungs- oder Seminararbeit handelt oder um eine Arbeit, die für die Veröffentlichung in einer wissenschaftlichen Zeitschrift, einem Sammelwerk oder als selbstständiges Werk bestimmt ist. Bei letzteren sind die Vorschriften der Zeitschriftenredaktionen oder Verlage zu beachten (s. Kap. 10.4), bei Seminar- oder Prüfungsarbeiten die instituts- oder fakultätseigenen Vorschriften.

Manuskripte werden auf rein weißem **Papier** im DIN A4-Format mit einem Gewicht von 80 g/m^2 (besser aber 90 g/m^2) geschrieben und einseitig bedruckt. Ungebleichtes Umweltschutzpapier kann für zu vervielfältigende Manuskripte zu dünn und für optimale Kopien zu kontrastarm sein.

Bei Seminararbeiten und Prüfungsarbeiten (Bachelor-, Master-Diplomarbeit, Dissertation, Habilitationsschrift) empfiehlt sich für die Texterstellung die **Schriftart** Times New Roman, Schriftgrad 12, **Zeilenabstand** 1,5. Eingerückte Zitate, Anmerkungen und Literaturverzeichnis werden mit einfachem Zeilenabstand geschrieben; Anmerkungen i.a. in Schriftgröße 10, das Literaturverzeichnis in 12. Um Platz für die Anmerkungen des Gutachters vorzusehen, wird ein rechter **Korrekturrand** von 4 cm empfohlen; links, oben und unten genügen je 2,5 cm. Die **Seitenzählung** erfolgt in arabischen Ziffern und beginnt bei Prüfungsarbeiten bei der Titelseite, die jedoch keine Seitenzahl trägt, und endet vor der Erklärung zur Urheberschaft, die nicht zur eigentlichen Arbeit gehört. Die Seitenzahl steht am besten rechts oben auf der Seite (ohne Klammern oder Gedankenstrich), wo sie beim Durchblättern gut sichtbar ist.

Im Folgenden wird die äußere Form der einzelnen Teile einer sprachwissenschaftlichen Arbeit beschrieben, wobei unter „Prüfungsarbeiten" Seminararbeiten, Bachelor-, Master und Diplomarbeiten, Dissertationen und Habilitationsschriften, die zur Begutachtung eingereicht werden, zusammengefasst sind, und unter „Publikationen" Arbeiten, die zum Druck vorgesehen sind. Darunter können neben Zeitschriftenaufsätzen, Beiträgen zu Sammelwerken und Monographien auch Masterarbeiten, Dissertationen und Habilitationsschriften fallen. Da die Vorschriften der Zeitschriftenredaktionen und Verlage zur Manuskriptgestaltung sehr unterschiedlich sind, liegt in diesem Kapitel naturgemäß das Schwergewicht auf Prüfungsarbeiten.

In der folgenden Übersicht über die Anordnung der einzelnen Bestandteile einer sprachwissenschaftlichen Arbeit stehen die nicht obligatorischen Teile (bzw. für einige Arten von Arbeiten unzulässige) in Klammern:

- Titelblatt
- (Widmung, Motto)
- (Vorwort)
- Inhaltsverzeichnis
- (Abbildungsverzeichnis)
- (Tabellenverzeichnis)
- (Abkürzungsverzeichnis)
- (Glossar)[1]
- Textteil
- (Anmerkungen)
- Literaturverzeichnis
- (Sachregister)

9.1 Titelblatt

Das Titelblatt der einzelnen Arten von Prüfungsarbeiten unterscheidet sich leicht, besteht aber immer aus einem einzelnen Blatt und enthält zumindest den Titel der Arbeit sowie den Namen des Verfassers. Der erste der folgenden Vorschläge betrifft eine Seminararbeit, der zweite eine Masterarbeit.

---

[1] Abbildungsverzeichnis, Tabellenverzeichnis, Abkürzungsverzeichnis und Glossar können auch im Anhang der Arbeit (vor dem Literaturverzeichnis) stehen.

Institut für Linguistik, Abt. Allg. Sprachwissenschaft,
Universität zu Köln

Der Erwerb der Negation im Deutschen als Zweitsprache

Hauptseminar/Modul „Zweitspracherwerb des Deutschen"
WS 2007/2008

Leitung: Prof. Dr. U. Stephany und Dr. Ch. Dimroth

vorgelegt von

Fritz Mustermann
mustermann@smail.uni-koeln.de

Köln, 2008

Zur Rolle der Nominalkomposition in der neueren französischen Wortbildung, nach 50 Nummern der Tageszeitung *Le Monde*

schriftliche Hausarbeit im Rahmen der Masterprüfung an der Philosophischen Fakultät der Universität zu Köln

von

Christine Müller
aus Aachen

Köln, 2008

9.2 Widmung, Motto, Vorwort

Widmung (Zueignung), Motto und Vorwort sind der Veröffentlichung größerer Arbeiten (Dissertationen, Habilitationsschriften, andere Monographien, Sammelbände) vorbehalten, gehören also nicht in Zeitschriftenaufsätze oder Beiträge zu Sammelwerken und selbstverständlich nicht in Prüfungsarbeiten (z.B. Bachelor- oder Masterarbeiten bzw. der Fakultät im Zusammenhang mit dem Prüfungsverfahren eingereichte Exemplare von Dissertationen oder Habilitationsschriften) (s. Kap. 6.4).

Die **Widmung** (z.B. ‚Meinen Eltern‘, ‚Für meine Kinder‘), die vor dem Vorwort auf einer eigenen Seite steht, nennt Personen, denen man ganz besonderen Dank schuldet.

Ein **Motto** (z.B. ‚*Ce que l'on conçoit bien s'énonce clairement*, Boileau‘) ist ein der ganzen Arbeit oder einem Abschnitt vorangestelltes Zitat oder Sprichwort.

Das **Vorwort** ist, anders als die Einleitung, nicht Teil der eigentlichen Arbeit und kann vor dem Inhaltsverzeichnis stehen. Es endet mit Ort und Datum seiner Erstellung sowie dem Namen des Verfassers.

9.3 Inhaltsverzeichnis

Das Inhaltsverzeichnis enthält die (Teile und) **Kapitel** der Arbeit in chronologischer Reihenfolge. Rechts neben der Nummer und dem Titel des Kapitels bzw. Unterkapitels wird die **Seitenzahl** seines Beginns angegeben. Die Kapitelüberschriften im Inhaltsverzeichnis müssen mit denen des Textes übereinstimmen.[2] Eine Dezimalklassifikation in arabischen Ziffern, bei der die Ordnungszahlen der Oberpunkte mit angeführt werden, ist wegen ihrer größeren Klarheit einer in römischen Ziffern oder einer gemischten vorzuziehen. Ein Beispiel ist das Inhaltsverzeichnis dieses Buchs.

9.4 Abbildungsverzeichnis, Tabellenverzeichnis, Abkürzungsverzeichnis und Glossar

Wenn in einer Arbeit zahlreiche Abbildungen und Tabellen enthalten sind, können diese in separaten Verzeichnissen aufgeführt werden. In einem Abkürzungsverzeichnis bzw. einem Glossar werden diejenigen in der Arbeit verwendeten Abkürzungen bzw. Fachbegriffe in alphabetischer Reihenfolge zusammengestellt und erläutert, die dem Leser nicht allgemein zugänglich sind. In einer sprachwissenschaftlichen Arbeit empfiehlt es sich z.B., die für die Bezeichnung grammatischer Kategorien benutzten Abkürzungen (s. Anhang) in ein Abkürzungsverzeichnis aufzunehmen. In einem Glossar können z.B. die in einer

---

[2] Eine mögliche Diskrepanz kann durch Nutzung der Inhaltsverzeichnisfunktion von Textverarbeitungsprogrammen vermieden werden: Einfügen → Verzeichnisse → Inhaltsverzeichnis plus vorherige Zuweisung der entsprechenden Formatvorlage für Kapitelüberschriften im Text.

neurolinguistischen Arbeit benutzten neurologischen Termini erläutert werden, damit die Arbeit für Leser allgemein verständlicher wird (s. Kap. 6.4).

9.5 Textteil

Der Textteil sollte im **Blocksatz** geschrieben werden. Dabei darf zum Schluss die Silbentrennung nicht vergessen werden, damit keine unerwartet großen Abstände zwischen einzelnen Wörtern entstehen.

Außer nach Überschriften sollte die **erste Textzeile** eingerückt werden (z.b. 0,5 cm), damit die Absätze des Textes klar zu erkennen sind.

Zwischen Textende des vorhergehenden und Überschrift des folgenden Kapitels (oder Unterkapitels) setzt man zwei Leerzeilen, zwischen Überschrift und Textbeginn eine Leerzeile.

Vom Text abgesetzte **Sprachbeispiele**, **Tabellen** und **Abbildungen** werden getrennt nummeriert, z.B. ‚(8)‘ (achtes Beispiel im gesamten Text), ‚Tab. 3.2‘ (zweite Tabelle in Kapitel 3) oder ‚Abb. 5.1‘ (erste Abbildung in Kapitel 5) (s. Kap. 7.3).

9.6 Anmerkungen

Anmerkungen erfüllen ihren Zweck am besten, wenn sie als **Fußnoten** am Fuß der Seite stehen, wo auf sie verwiesen wird. **Endnoten** am Ende eines Kapitels oder der gesamten Arbeit sind viel weniger leserfreundlich und werden seltener gelesen, weil sie schwer auffindbar sind. Auf diesen Modus wird man nur dann zurückgreifen, wenn ein Verlag ihn vorschreibt. Fußnoten (und Endnoten) lassen sich durch das Textverarbeitungsprogramm automatisch nummerieren, sodass spätere Hinzufügungen oder Entfernungen unproblematisch sind. Anmerkungen werden i.a. im Schriftgrad 10 engzeilig geschrieben und am besten arabisch nummeriert. Bei kleineren Arbeiten wie Seminararbeiten, Bachelor- und Masterarbeiten, aber auch in Beiträgen zu Sammelwerken und Zeitschriftenaufsätzen werden die Anmerkungen für die ganze Arbeit durchgezählt, bei größeren Arbeiten wie Dissertationen, Habilitationsschriften und anderen Monographien kapitelweise.

9.7 Anhang: Literaturverzeichnis, Sachregister

Im Anhangsteil einer sprachwissenschaftlicher Arbeit ist nur das Literaturverzeichnis unverzichtbar (s. Kap. 8). Ein Sachregister, das die in der Arbeit erwähnten Sachbegriffe (in Form von Schlagwörtern), Sprachennamen und ggf. Autorennamen enthält und dessen Erstellung einige Mühe bereitet, ist der publizierten Fassung von Monographien (auch Habilitationsschriften) oder Sammelwerken vorbehalten. Ein solches Register ist für die Texterschließung durch den Leser sehr nützlich. Damit es gut zu finden ist und leicht benutzt werden kann, steht es am Ende des Buchs und folgt auf die anderen Anhänge, insbesondere das Literaturverzeichnis.

9.8 Erklärung zur Urheberschaft

Prüfungsarbeiten, wie z.B. Bachelor-, Master-, Magister-, Diplom- oder Staatsarbeiten, enden mit einer Erklärung, in welcher der Verfasser versichert, die Arbeit selbstständig verfasst und keine anderen als die angegebenen Quellen und Hilfsmittel benutzt zu haben. Diese Erklärung endet mit Ort und Datum sowie der Originalunterschrift des Verfassers.[3]

9.9 Abschließende Arbeiten

Nach Vervollständigung des Manuskripts der Arbeit muss ein **Silbentrennungsprogramm** benutzt werden und es müssen die Seitenzahlen eingefügt werden. Der Seitenumbruch muss so vorgenommen

---

[3]   In § 15, Abs. 4 der Prüfungsordnung für das Bachelor- und Masterstudium der Philosophischen Fakultät der Universität zu Köln vom 20.8.2008 ist diese Erklärung folgendermaßen formuliert: „Hiermit versichere ich, dass ich diese Hausarbeit/Bachelorarbeit/Masterarbeit selbstständig verfasst und keine anderen als die angegebenen Quellen und Hilfsmittel benutzt habe. Die Stellen meiner Arbeit, die dem Wortlaut oder dem Sinn nach anderen Werken und Quellen, einschließlich der Quellen aus dem Internet, entnommen sind, habe ich in jedem Fall unter Angabe der Quelle als Entlehnung kenntlich gemacht. Dasselbe gilt sinngemäß für Tabellen, Karten und Abbildungen. Diese Arbeit habe ich in gleicher oder ähnlicher Form oder auszugsweise nicht im Rahmen einer anderen Prüfung eingereicht."

werden, dass Abbildungen und möglichst auch Tabellen jeweils auf einer Seite stehen. Überlange Tabellen können entweder in mehrere kürzere aufgeteilt werden oder aber die Kopfzeile mit den Spaltenüberschriften wird auf der Folgeseite wiederholt. Nur in Ausnahmefällen sollte eine Tabelle gestürzt werden. Beim **Seitenumbruch** ist außerdem zu beachten, dass Kapitelüberschriften und Textbeginn auf derselben Seite stehen. Nur Hauptkapitel, nicht jedoch Unterkapitel, können auf einer neuen Seite beginnen, auch wenn dadurch ein Teil der Seite unbeschrieben bleibt.

10 Verschiedenes

10.1 Computerunterstützte Analyse und Transkriptions- konventionen

Zwei der wichtigsten Systeme zur computerunterstützten linguistischen Analyse sind die *CLAN*-Programme des **CHILDES**-Projekts (<http://childes.psy.cmu.edu>) und die *Toolbox* des Summer Institute of Linguistics (<http://www.sil.org/computing/toolbox/information.htm>). Bei beiden Systemen handelt es sich um sog. ‚freeware‘, die zu wissenschaftlichen Zwecken kostenlos im Internet bereitgestellt wird. Während das CHILDES-Projekt, wie sein Name sagt, in erster Linie für die Analyse von Kindersprachdaten konzipiert wurde, handelt es sich bei Toolbox um ein Instrument zur Sprachdatenverwaltung und -analyse für die sprachwissenschaftliche Feldforschung. Toolbox eignet sich besonders zur Verwaltung und Aktualisierung lexikalischer Daten und darüber hinaus zur syntaktischen und morphologischen Analyse sprachlicher Daten. Die Analyseprogramme des CHILDES-Projekts gestatten die automatische grammatische Kodierung von in den Computer eingegebenen Transkripten von Sprachdaten und ihre computerunterstützte Analyse. Dabei liegt der Schwerpunkt auf der morphosyntaktischen Analyse bzw. der Gesprächsanalyse. Außerdem ist eine phonologische Analyse möglich. Wegen seiner großen Flexibilität ist auch CHILDES außer für Kindersprachdaten für viele Analyseaspekte jedweder Sprachdaten geeignet. Die Transkriptionskonventionen **CHAT** (bzw. die speziell für die Gesprächsanalyse konzipierten Konventionen **CA** (*Conversation Analysis*)), die eine reibungslose Benutzung der Analysesoftware CLAN des CHILDES-Projekts garantieren, sowie die Benutzung der CLAN-Programme sind in elektronisch verfügbaren Handbüchern von Brian MacWhinney beschrieben (<http://childes.psy.cmu.edu/manuals/chat.pdf>; <http://childes.psy.cmu.edu/manuals/clan.pdf>). Hinweise auf weitere Transkriptionssysteme, die nicht auf eine bestimmte Analysesoftware ausgerichtet sind, finden sind unter <http://www.mediensprache.net/de/medienanalyse/transcription>.

10.2 Sonderzeichen

Heutzutage arbeiten sowohl das Summer Institute of Linguistics (SIL) als auch das CHILDES-Projekt, die es beide mit vielen verschiedenen Sprachen zu tun haben, vorwiegend mit Unicode Fonts. Es wird der *Arial Unicode* Font empfohlen, der in der Office Professional-Version von Windows enthalten ist oder getrennt käuflich erworben werden kann (<http://childes.psy.cmu.edu/tools/uniwin. html>). Für Sprachen mit lateinischem Alphabet lässt sich auch das von SIL entwickelte *CharisSIL* verwenden, das speziell für IPA-Zeichen geeignet ist (IPA = International Phonetic Association). Sehr weit verbreitet sind auch die phonetischen Zeichensätze *Doulos SIL* und *SIL IPA93*. Um einen Text in den phonetischen Zeichen des IPA Unicode in den PC einzugeben, muss das *Tavultesoft Keyman Program* installiert werden sowie der Tastaturmanager *keyman.exe*, der von Martin Hosken beim SIL entwickelt wurde (<http://scripts.sil. org>).

10.3 Interlineare Morphemübersetzung und grammatische Kodierungskonventionen

Interlineare Morphemübersetzungen geben die Bedeutung und grammatischen Eigenschaften einzelner Wörter oder Teile derselben an. Sie dienen der detaillierten Aufschlüsselung der Struktur fremdsprachlicher Beispiele dort, wo eine idiomatische Übersetzung nicht ausreicht. In der computerunterstützten linguistischen Analyse lassen sich anhand der grammatischen Kodierung alle Beispiele auffinden, die bestimmte grammatische Charakteristika enthalten. Für die interlineare Morphemübersetzung sowie die grammatische Kodierung der Sprachdaten im computerisierten Transkript bieten sich die folgenden standardisierten Konventionen an: 1. *CHILDES*-**Projekt** (MacWhinney 2000 bzw. <http://childes. psy.cmu.edu/manuals/chat.pdf>); 2. *Leipzig Glossing Rules: Conventions for interlinear morpheme-by-morpheme glosses* (<http:// www.eva.mpg.de/lingua/pdf/LGR08_09_12.pdf>, <http://www. eva.mpg.de/lingua/resources/glossing-rules.php>). Beide gehen auf ursprünglich von Christian Lehmann (1982) am Institut für Linguistik der Universität zu Köln entwickelte Richtlinien für die interlineare Morphemübersetzung zurück. Die von Ursula Stephany **erweiterte CHILDES-Liste** grammatischer Kodierungen findet

sich im Anhang des Buchs. Wenn die computerunterstützte Datenanalyse mit Hilfe der CLAN-Programme des CHILDES-Projekts
vorgenommen werden soll, müssen für die Transkription und grammatische Kodierung der Sprachdaten die CHAT/CA-Konventionen
beachtet werden. Die Leipziger Regeln beziehen sich in erster Linie
auf die interlineare Morphemübersetzung von Sprachbeispielen in
linguistischen Arbeiten.

10.4 Style Sheets

Wer sich über das in diesem Buch Gesagte hinaus für die verschiedenen Konventionen der Manuskriptgestaltung interessiert, kann sich
z.B. in den folgenden *Style Sheets* von wissenschaftlichen Gesellschaften, Zeitschriften, Verlagen oder Universitäten kundig machen:

American Psychological Association (APA):	American Psychological Association. 2005. *Publication Manual of the American Psychological Association.* 5. Aufl. Washington, DC: American Psych. Association. Burmester (2003) (Zusammenfassung der APA Richtlinien)
John Benjamins, Amsterdam und Philadelphia:	<http://www.benjamins.com/cgi-bin/show_html.cgi?file=/jbp/series/SL/stylesheet.html>
Cambridge University Press, Cambridge:	<http://www.ruhr-uni-bochum.de/anglistik/stylesheet/index-stylesheet.htm>
Journal of Child Language (JCL):	<http://assets.cambridge.org/JCL/JCL_ifc.pdf>
Language, Zeitschrift der *Linguistic Society of America (LSA):*	<http://www.lsadc.org/info/pubs-lang-style.cfm>

Modern Language *Association (MLA):*	Gibaldi, Joseph. 1998. *MLA Style Manual and Guide to Scholarly Publishing.* 2. Aufl. New York: Modern Language Association of America.
	Gibaldi, Joseph. 2003. *MLA Handbook for Writers of Research Papers.* 2. Aufl. New York: Modern Language Association of America.
	Liethen Kunka, Jennifer, Joe Barbato, Dave Neyhart, Erin E. Karper, Kristen Seas, Karl Stolley, Tony Russell, Elizabeth Angeli & Allen Brizee. 2009. „MLA Formatting and Style Guide." *The Owl at Purdue: Owl Materials* <http://library.uvm.edu/guides/cite/handouts/MLA.pdf>
Mouton de Gruyter, Berlin und New York:	<http://www.degruyter.de/files/down/mouton%20crcstylesheet.pdf> <http://www.sfb441.uni-tuebingen.de/LingEvid2006/moutonstylesheet.pdf>
Unified style sheet *for linguistics (USL):*	<http://www.linguistlist.org/pubs/tocs/JournalUnifiedStyleSheet2007.pdf>
Universität Düsseldorf, Institut für Sprache und Information, Abteilung Allgemeine Sprachwissenschaft (zwei verschiedene Bibliographierstandards):	<http://www.phil-fak.uni-duesseldorf.de/fileadmin/Redaktion/Institute/Allgemeine_Sprachwissenschaft/Dokumente/hausarbeit.pdf> <http://user.phil-fak.uni-duesseldorf.de/%7Eloebner/lehre/hausarb/merkblatt.html>

10.5 Sprachdatenbanken[1]

Die Benutzung sprachlicher Datenbanken ermöglicht die Behandlung einer Vielzahl linguistischer Fragestellungen ohne die mühsame und äußerst zeitraubende persönliche Sammlung von Sprachdaten. Außerdem lassen sich anhand größerer Mengen von Sprachdaten gesi-

---

[1]   Zu bibliographischen Datenbanken siehe Kapitel 3.3.

chertere wissenschaftliche Ergebnisse erzielen als bei der Analyse kleiner Datenmengen. Es soll auf die folgenden bedeutenden Datenbanken hingewiesen werden:

COSMAS (*Corpus Search, Management and Analysis System*): Diese am Institut für Deutsche Sprache Mannheim (IDS) erstellte Datenbank ist die größte deutsche Sprachdatenbank geschriebener Sprache (<http://www.ids-mannheim/cosmas2-web/>).

Deutsches Wortschatzlexikon Leipzig: Dieses Lexikon der deutschen Sprache wird am Institut für Informatik, Abt. Automatische Sprachverarbeitung, Universität Leipzig erstellt (<http://wortschatz. informatik.uni-leipzig.de>).

DWDS (Digitales Wörterbuch der Deutschen Sprache des 20. Jahrhunderts): Dieses Wörterbuch wird an der Berlin-Brandenburgischen Akademie der Wissenschaften erarbeitet (<http://www.dwds.de>).

CHILDES Database: Die CHILDES-Datenbank ist Teil des von Brian MacWhinney geleiteten CHILDES-Projekts an der Carnegie Mellon University, Pittsburgh, NJ, USA. Sie enthält Transkriptionsdaten und mediale Daten von Gesprächen zwischen meist jungen Kindern und Erwachsenen (oft den Eltern) oder Geschwistern und Spielgefährten. Die Datenbank umfasst derzeit 26 verschiedene Sprachen und ist in monolinguale (amerikanisches und britisches Englisch, germanische, romanische, slavische, ostasiatische, keltische, andere Sprachen), bilinguale, klinische und narrative Spracherwerbsdaten gegliedert. Die klinischen Daten umfassen darüber hinaus auch solche von Erwachsenen mit Sprachstörungen in verschiedenen Sprachen. Der Schwerpunkt der Datenbank liegt auf dem Englischen (mehr als die Hälfte der Daten), ihr Umfang umfasst derzeit 300 MB, vergrößert sich aber laufend. Die Datenbank enthält auch eine Bibliographie mit Arbeiten zur Kindersprache sowie die Datenbank des *MacArthur Communicative Development Inventory* (*CDI*). Hierbei handelt es sich um Elternfragebögen zur lexikalischen und grammatischen Entwicklung des Kindes bis zum Alter von ca. 3 Jahren. Eine Beschreibung der Datenbank findet sich in acht PDF-Dokumenten unter <http://childes.psy.cmu.edu/data/ manual/>. Bei der Benutzung der Datenbank sind die Richtlinien für die *CHILDES*- und *TalkBank*-Projekte zu befolgen (<http:// talkbank.org>).

LIMAS: Sammlung geschriebener deutscher Texte unterschiedlicher Gattungen. Recherchierbar unter <http://virt052.zim.uni-duisburg-essen.de/Limas/index.htm>

Linklisten zu weiteren Sprachcorpora finden sich z.b. unter:
<http://www.ldc.upenn.edu>
<http://www.corpus-linguistics.info>
<http://web.gc.cuny.edu/dept/lingu/labs/corpora.html>
<http://www.athel.com/corpora.html>
<http://www.mediensprache.net/de/medienanalyse/corpora>
<http://corpus.byu.edu>
<http://www.ldc.upenn.edu/>

10.6 Vorschläge für eine sprachwissenschaftliche Handbibliothek

Je nach Studiengang und finanziellen Möglichkeiten können Studierende aus den folgenden Vorschlägen für eine am Arbeitsplatz zur Verfügung stehende Handbibliothek auswählen. Zu den unentbehrlichen Werken gehören Bd. 1 und 4 des Duden, ein großes einsprachiges Wörterbuch des Deutschen, je ein deutsches und englisches sprachwissenschaftliches Lexikon sowie ein englisches einsprachiges bzw. zweisprachiges Wörterbuch. Von allen Nachschlagewerken ist jeweils die neueste Auflage maßgeblich. Hinsichtlich brauchbarer Einführungen in das Fachgebiet der Linguistik verweisen wir auf die Empfehlungen der Einführungsveranstaltungen des Fachs.

Duden, Band 1: *Die deutsche Rechtschreibung.*
Duden, Band 4: *Grammatik.*
Duden, *Deutsches Universalwörterbuch.*
Wahrig, *Deutsches Wörterbuch.*
Lexikon der Sprachwissenschaft, H. Bußmann (ed.). Stuttgart: Alfred Kröner Verlag.
The Oxford Concise Dictionary of Linguistics. P. H. Matthews. Oxford: Oxford University Press.
Linguistique et sciences du langage. Jean Dubois et al. Paris: Larousse.
The Cambridge Encyclopedia of Language. D. Crystal. 2. Aufl. 1997. Cambridge: Cambridge University Press.

Anhang

Kodierung grammatischer Kategorien[1]

1	first person	**ALL**	allative
1P	first person plural	**ALLOC**	allocutive
1PE	1st plural exclusive	**ANA**	anaphoric
1PI	1st plural inclusive	**ANI**	animate
1S	1st person singular	**ANT**	antipassive
2	2nd person	**AORIST**	aorist
2P	2nd person plural	**APP**	apposition
2S	2nd person singular	**APPL**	applicative
3	3rd person	**ART**	article*
3P	3rd person plural	**ASP**	aspect
3S	3rd person singular	**ASS**	assertive
ABESS	abessive (‚without x‘)	**AT**	attributor
ABL	ablative (‚from x‘)	**ATTEN**	attenuative
ABS	absolutive	**AUG**	augmentative
ABST	abstract	**AUX**	auxiliary*
ACC	accusative	**BEN**	benefactive
ACH	achieve (‚manage to‘)	**CARD**	cardinal number
ACT	active	**CAT**	catenative
ADESS	adessive (‚toward x‘)	**CAUS**	causative
ADJ	adjective, adjectival*	**CESS**	cessive "stop"
ADJR	adjectivalizer	**CGN**	conjugational marker
ADP	adposition*	**CIRC**	circumstantial
ADV	adverb(ial)*	**CLFR**	classifier
ADVERS	adversative	**CLIT**	clitic*
ADVN	adverbial noun*	**CMN**	common
ADVR	adverbializer	**CMPLR**	complementizer
AFF	affirmative	**CMPLX**	complex (morphologically)
AFFECT	affective	**COLL**	collective
AG	agent	**COM**	comitative (‚together‘)
AGR	agreement	**COMP**	comparative
AGTV	agentive	**COMPL**	completive
AL	alienable	**CONC**	concessive

---

[1] Quellen: Lehmann, C. (1982). Directions for interlinear morphemic translations. *Folia Linguistica* 16: 199-224. MacWhinney, B. (2000), *The Childes Project: Tools for Analyzing Talk*, Band 1: *Transcription Format and Programs*. 3. Aufl. Mahwah, N.J.: Lawrence Erlbaum. MacWhinney, B. (1995), *The Childes Project: Tools for Analyzing Talk*. 2. Aufl. Hillsdale, NJ: Lawrence Erlbaum. Überarbeitet und erweitert von U. Stephany, Institut für Linguistik, Universität zu Köln. – Kodes, die sich auf Wortarten beziehen, sind mit Sternchen gekennzeichnet.

COND	conditional		**HORT**	hortative
CONJ	conjunction*		**HUM**	human
CONN	connective		**ILL**	illative (‚into x‘)
CONSEC	consecutive		**IMM**	imminent
CONT	continuous, continuative		**IMP**	imperative
COO	coordinating		**IMPRS**	impersonal
COP	copula*		**INAL**	inalienable
CORR	correlative		**INANI**	inanimate
COU	count		**INCH**	inchoative
CP	comparative		**INCL**	inclusive
DAT	dative		**INCPT**	inceptive
DCLN	declensional marker		**INDEF**	indefinite
DECL	declarative		**INESS**	inessive (‚in X‘)
DEF	definite		**INF**	infinitive
DEICT	deictic		**INFER**	inferential
DEM	demonstrative		**INJ**	injunctive
DESID	desiderative		**INSTR**	instrumental
DET	determiner*		**INT**	interrogative
DIM	diminutive		**INTENT**	intentive
DIREC	directional		**INTERJ**	interjection*
DIST	distal		**INTNS**	intensifier
DISTR	distributive		**INTRANS**	intransitive
DO	direct object		**INVIS**	invisible
DU	dual		**IO**	indirect object
DUB	dubitative		**IPFV**	imperfective
DUR	durative		**IRR**	irrealis
DYN	dynamic (nonstative)		**ITER**	iterative
ELAT	elative (‚out of X‘)		**JUSS**	jussive
EMPH	emphatic		**LAT**	lative (‚moving to‘)
EMPTY	empty		**LOC**	locative
EPIT	epithet		**MAIN**	main
ERG	ergative		**MAN**	manner
ESS	essive (‚as x‘)		**MASC**	masculine
EV	evidential		**MASS**	mass
EVE	event		**MDL**	modal
EXCL	exclusive		**MEAS**	measure
EXIST	existential		**MOD**	modifier
FACT	factive, factitive		**MP**	mediopassive
FEM	feminine		**N**	noun*
FIN	finite		**NARR**	narrative
FNL	final (goal)		**NEG**	negative
FOC	focus		**NEUT**	neuter
FREQ	frequentative		**NEUTRAL**	neutral
FUT	future		**NH**	nonhuman
GEN	genitive (‚of x‘)		**NOM**	nominative
GENER	generic		**NOML**	nominal
GER	gerund		**NONPAST**	nonpast
HAB	habitual		**NONVIR**	nonvirile
HE	head		**NR**	nominalizer
HON	honorific		**NUM**	numeral, numeric

OBJ	object
OBL	oblique
OBLIG	obligatory
OPT	optative
ORD	ordinal numeral (‚first‘)
OTHER	other
PART	participle
PARTIT	partitive
PASS	passive
PAST	past
PAT	patient
PEJ	pejorative
PERF	perfect
PERM	permissive (‚may‘)
PFV	perfective
PL	plural
PLACE	place
PLPF	pluperfect
POL	polite
POSS	possessive (X‘s)
POST	postposition*
POT	potential
PP	past participle
PRDV	predicative
PRE	prefix
PREP	preposition*
PRES	present
PRESPT	present participle
PRESUM	presumptive
PRET	preterite
PRH	prohibitive
PRO	pronoun*
PROG	progressive
PROL	prolative (‚along X‘)
PROP	proper
PROS	prospective (‚by tomorrow‘)
PROT	protracted (‚keep on‘)
PROX	proximal
PRS	personal (pronoun)
PSBL	possible
PTL	particle*
PURP	purposive
QUANT	quantifier*

QUE	question
QUOT	quotative
REAL	realized, nonfuture
RECENT	recent
RECIP	reciprocal
REFL	reflexive
REL	relative*
REM	remote
REPET	repetition
REPORT	reportative
RES	resultative
RETRO	retrospective
SEQ	sequential
SG	singular
SIMUL	simultaneous
SP	superlative
SPEC	specific
SS	same subject
STAT	stative
SUBJ	subject
SUBJV	subjunctive
SUBL	sublative (‚onto X‘)
SUBOR	subordinating
SUFF	suffix
SUG	suggestive
SUPER	superessive (‚on X‘)
TANG	tangible
TEMP	temporal, time
TERM	terminative
TNS	tense
TOP	topic
TRANS	transitive
TRANSL	translative (‚becoming X‘)
TRY	try or strive to achieve
USIT	usitative
V	verb*
VAL	validator
VIR	virile
VIS	visible
VOC	vocative
VOL	volitional
VR	verbalizer
WH	wh-question word
YN	yes-no question word

Literaturverzeichnis

American Psychological Association. 2005. *Publication Manual of the American Psychological Association*. 5. Aufl. Washington, DC: American Psychological Association.

Andermann, Ulrich, Martin Drees & Frank Grätz. 2006. *Duden. Wie verfasst man wissenschaftliche Arbeiten?* 3. Aufl. Mannheim: Dudenverlag.

Brown, Keith (ed.). 2006. *Encyclopedia of Language and Linguistics*. 2. Aufl. 14 Bde. Amsterdam: Elsevier. [2. Auflage von: Asher, R.E. & J.M.Y. Simpson (eds.). 1994. *The Encyclopedia of Language and Linguistics*. 10 Bde. Oxford: Pergamon.]

Burmester, Michael. 2003. „Zitieren: Skript für Propädeutik 1." Stuttgart: Hochschule der Medien, Studiengang Informationswirtschaft. <http://egitimfak.trakya.edu.tr/2007/almanca/APA.pdf> (23.2.2009).

Bußmann, Hadumod (ed.). 2002. *Lexikon der Sprachwissenschaft*. 3. Aufl. Stuttgart: Kröner.

Crystal, David. 1997. *The Cambridge Encyclopedia of Language*. 2. Aufl. Cambridge: Cambridge University Press.

Dubois, Jean, Jean-Pierre Mével, Mathée Giacome. 2007. *Dictionnaire de linguistique et des sciences du langage*. (Grand dictionnaire). Paris: Larousse.

Duden. 2005. *Der Duden in 12 Bänden: Das Standardwerk zur deutschen Sprache*, hrsg. vom Wiss. Rat der Dudenredaktion. Bd. 4, *Die Grammatik*. 7. Aufl. Mannheim: Bibliographisches Institut.

Duden. 2006a. *Der Duden in 12 Bänden: Das Standardwerk zur deutschen Sprache*, hrsg. vom Wiss. Rat der Dudenredaktion. Bd. 1, *Die deutsche Rechtschreibung*. 24. Aufl. Mannheim: Bibliographisches Institut.

Duden. 2006b. *Deutsches Universalwörterbuch*. 6. Aufl. Mannheim: Bibliographisches Institut.

Eco, Umberto. 2007. *Wie man eine wissenschaftliche Abschlussarbeit schreibt: Doktor-, Diplom- und Magisterarbeit in den Geistes- und Sozialwissenschaften*. 12. Aufl. (UTB, 1512). Heidelberg: Müller.

Esselborn-Krumbiegel, Helga. 2008. *Von der Idee zum Text: Eine Anleitung zum wissenschaftlichen Schreiben*. 3. Aufl. (UTB, 2334). Paderborn: Schöningh.

Gibaldi, Joseph. 1998. *MLA Style Manual and Guide to Scholarly Publishing*. 2. Aufl. New York: Modern Language Association of America.

Gibaldi, Joseph. 2003. *MLA Handbook for Writers of Research Papers*. 6. Aufl. New York: Modern Language Association of America.

Givón, Talmy. 1990. *Syntax: A Functional-Typological Introduction*. Band II. Amsterdam: John Benjamins.

Glück, Helmut (ed.). 2005. *Metzler Lexikon Sprache*. 3. Aufl. Stuttgart: Metzler.

Grießhaber, Wilhelm. 2003-2005. *Zitieren in wissenschaftlichen Arbeiten: Überblick*. <http://spzwww.uni-muenster.de/%7Egriesha/eps/zit/index.html> (8.3.2009).

Haller, Klaus & Hans Popst. 2003. *Katalogisierung nach den RAK-WB: Eine Einführung in die Regeln für die alphabetische Katalogisierung in wissenschaftlichen Bibliotheken*. 6. Aufl. München: Saur.

Konnerth, Tania & Ralf Senftleben. (o.J.). „Special: ‚Mind Mapping'." <http://www.zeitzuleben.de/artikel/denken/mindmapping-special.html> (23.2.2009).

Krämer, Walter 1995. *Wie schreibe ich eine Seminar-, Examens- und Diplomarbeit: Eine Anleitung zum wissenschaftlichen Arbeiten für Studierende aller Fächer an Universitäten, Fachhochschulen und Berufsakademien*. 4. Aufl. (UTB, 1633).

Stuttgart/Jena: Gustav Fischer Verlag. [Neue Auflage u.d.T. Krämer, Walter. 2000. *Wie schreibe ich eine Seminar- oder Examensarbeit?* 2. Aufl. (campus concret, 47). Frankfurt: Campus.]

Lehmann, Christian. 1982. „Directions for Interlinear Morphemic Translations". *Folia Linguistica* 16. 199-224.

Liethen Kunka, Jennifer, Joe Barbato, Dave Neyhart, Erin E. Karper, Kristen Seas, Karl Stolley, Tony Russell, Elizabeth Angeli & Allen Brizee. 2009. „MLA Formatting and Style Guide." *The Owl at Purdue: Owl Materials* <http://library.uvm. edu/guides/cite/handouts/MLA.pdf> (23.2.2009)

MacWhinney, Brian. 2000. *The CHILDES Project: Tools for Analyzing Talk.* Bd. 1: *Transcription Format and Programs.* 3. Aufl. Mahwah, NJ: Lawrence Erlbaum Associates.

MacWhinney, Brian. 2008a. *The CHILDES Project: Tools for Analyzing Talk – Electronic Edition. Part 1: The CHAT Transcription Format.* <http://childes.psy.cmu. edu/manuals/chat.pdf> (4.3.2009).

MacWhinney, Brian. 2008b. *The CHILDES Project: Tools for Analyzing Talk – Electronic Edition. Part 2: The CLAN Programs.* <http://childes.psy.cmu.edu/manuals/ clan.pdf> (4.3.2009).

Matthews, Peter H. 2005. *The Concise Oxford Dictionary of Linguistics.* 2. Aufl. Oxford: Oxford University Press.

Moenninghoff, Burkhard & Eckhard Meyer-Krentler. 2008. *Arbeitstechniken Literaturwissenschaft.* 13. Aufl. (UTB, 1582). Paderborn: Wilhelm Fink.

Poenicke, Klaus. 1988. *Wie verfasst man wissenschaftliche Arbeiten?* 2. Aufl. (Duden Taschenbücher, 1). Mannheim: Bibliographisches Institut. [3. Aufl.: Andermann, Ulrich, Martin Drees & Frank Grätz. 2006. *Duden. Wie verfasst man wissenschaftliche Arbeiten?* Mannheim: Dudenverlag.]

Reichholf, Josef H. 2008. „Die Macht des Wandels." *Die Zeit* Nr. 39. 18.09.2008, S. 41.

Runkehl, Jens & Torsten Siever. 2001. *Das Zitat im Internet: Ein Electronic Style Guide zum Publizieren, Bibliografieren und Zitieren.* 3. Aufl. Hannover: Revonnah. <http://www.mediensprache.net/archiv/pubs/3-927715-83-2_online-version.pdf> (23.2.2009).

Standop, Ewald & Matthias Meyer. 2008. *Die Form der wissenschaftlichen Arbeit: Grundlagen, Technik und Praxis für Schule, Studium und Beruf.* 18. Aufl. Wiebelsheim: Quelle & Meyer.

Stephany, Ursula & Anastasia Christofidou. (2008). *The Acquisition of Greek Case, Number, and Gender: A Usage-Based Approach.* (Arbeitspapier, 30 (N.F.)). Universität zu Köln: Institut für Linguistik, Allgemeine Sprachwissenschaft.

Ströker, Elisabeth. 1987. *Einführung in die Wissenschaftstheorie.* 3. Aufl. Darmstadt: Wiss. Buchgesellschaft.

Wahrig-Burfein, Renate (ed.). 2006. *Wahrig Deutsches Wörterbuch. Das universelle Standardwerk zur deutschen Gegenwartssprache.* 8. Aufl. Gütersloh: Bertelsmann Lexikon Institut.

Sachregister